발음을
부탁해

모두를 위한 빛나는 영어!

발음을 부탁해

원리편

샤론 강
Sharon Kang
지음

SHARON SHINE
BOOKS

여는 글

**영어 발음이요?
늦어서 안 되는 게 아니라,
몰라서 못 한 것뿐입니다.**

　4차 산업의 시대, 인터넷과 AI가 지구상의 모든 사람들을 더 밀접하게 연결해 주면서, 우리에게도 영어는 생활의 소통 수단이 되어 가고 있습니다. 교육 현장에서도 영어로 진행되는 수업을 쉽게 찾아볼 수 있고, 인터넷 쇼핑도 전 세계 웹사이트를 돌며 자신의 취향에 맞는 물건을 찾아 직접 구매합니다. 온라인에서 세계 여러 나라 사람들과 영어로 소통하며 사고의 지평을 넓히기도 하지요. 이러한 영어의 생활화 속에서 외국어인 영어를 대하는 우리의 기본자세를 한 번 더 되짚어 볼 필요가 있습니다. 저는 이 책을 통해 한국인이 쉽게 배울 수 있지만 아무도 가르쳐 주지 않았던 영어의 진짜 소리를 찾아 드리려고 합니다.
　기본적으로 우리는 소통을 위해 영어를 배웁니다. 영어를 쓰는 사람들과 말을 하려면 일단 들려야 하고, 정확하게 전달해야 합니다. 이를 위해서는 정확한 발음을 알고 사용할 수 있어야 하지요. 어떤 사람들은 의사전달만 하면 발음은 상관없다고 말하기도 합니다. 하지만 정확한 소리를 배우기만 하면 쉽게 소통할 수 있는데도 굳이 상대방의 "Pardon me?" 소리를 들어 가며, 주눅들어 가며 의사 전달을 해야 할까요?

  영어는 감으로 읽는 언어가 아닙니다. 각 단어에 고유의 소리가 있고, 그 소리대로 말하지 않으면 의사소통이 불가능합니다. 각 나라의 억양이요? 네, 물론 있습니다. 하지만 수많은 영어의 억양 역시 소통이라는 목적을 벗어나지 않습니다. 싱가포르, 인도, 홍콩, 나이지리아 등의 국가에서는 영어가 공용어로 사용되면서 그 나라 특유의 억양이 만들어졌고, 그게 그들의 영어가 되었습니다. 그들의 '다른 억양'에도 특정한 규칙이 있고, 그렇기 때문에 소통하는 데 지장이 없는 것입니다. 반면 한국에서 배우는 영어는 공용어가 아닌 외국어입니다. 외국어로서 영어를 배우는데, 표준 영어 소리를 먼저 받아들이고 그걸 가르치는 것이 맞지요.

  소통이 가능한 소리 코드의 범주 안에서 정확히 읽고 말해야 한다는 점에 동의하셨다면, 이제 여러분은 영어를 외국어로 배우는 입장에서 가장 보편적인 양대 산맥으로 여겨지는 영국 발음이나 미국 발음을 선택하시면 됩니다. 한국어를 처음 배우는 외국인에게 아무도 경상도 사투리로 한국어를 가르치지 않는 것처럼 말이죠. 영어의 기본 소리를 배우고 나면 세계의 수많은 영어 억양들은 자연스럽게 체득할 수 있다고 저는 자신 있게 말씀드립니다. 저도 음소 공부를 하고 나니 예전엔 그토록 들리지 않았던 인도 영어와 나이지리아 영어를 100% 알아들을 수 있게 되었으니까요.

  저도 미국에서 고등학교에 다니던 시절, 억양으로 고민한 적이 있었습니다. 저는 저대로 잘하고 있다고 생각했지만 친구들은 제게 한국식 억양(Korean accent)이 있다고 했습니다. 놀리는 것이 아니라 자신들과 다른 억양이 귀엽다는 말이었지만, 저는 그 말을 듣는 것이 너무나 싫었습니다. 노력을 거듭하여 유학 생활 막바지에는 저도 원어민과 흡사한 발음을 구사

할 수 있게 되었고, 몇 년 후 하버드 대학원 휴학 중 한국에서 영어 학원의 청취 강의를 시작하게 되었습니다. 우연히 발을 딛게 된 영어 교육의 현장에서 저의 궁금증은 더욱 커졌습니다. '왜 한국 학생들은 청취 능력이 늘지 않고, 발음도 달라지지 않는 것일까?' 진지하게 고민하던 중, 근본적인 부분에 원인이 있음을 알게 되었습니다. 바로 기본 소리 자체를 인지하지 못하고 있다는 것이었죠.

영어가 들리지 않는다고 해서 계속 듣기만 하는 것은 해결책이 될 수 없습니다. 기본 소리를 알아야 흉내라도 낼 수 있지요. 흉내가 거듭되면 정확한 소리를 찾을 가능성이 커집니다. 수많은 어휘를 알고 있어도 정작 그 표현을 입으로 말할 때 정확한 소리가 나지 않는다면 전달력이 현저하게 떨어집니다. 영어는 소리의 언어입니다. 읽고 쓰는 용도로만 전락한 라틴어가 아닙니다. 하지만 영어를 라틴어처럼 쓰는 한국인이 아직도 많습니다. 물론 여러분의 잘못이 아닙니다. 문제는 아무도 영어의 기본 소리를 제대로 가르쳐 주지 않았다는 것, 그리고 대학에서 음성학 정도는 전공해야 음성학 원서를 접하고 소리를 이해할 수 있다는 점에 있습니다. 국내파 원어민이라고 칭찬 받는 분들은 수없이 듣고 따라 하며 스스로 소리의 차이를 깨달았던 것입니다.

자아, 그럼 여러분이 음성학 원서를 보고 발음을 공부해야 하는 걸까요? 천만에요. 두꺼운 음성학 책은 제가 대신 읽고 소화했고, 시행착오 끝에 얻은 미국 영어 발음의 노하우를 이 책에 쉽게 풀이해 두었습니다. 영어 발음 학습을 처음 대하는 한국인 누구나 이해할 수 있습니다. 2015년에 첫선을 보인 『발음을 부탁해』와 2019년의 『발음이 궁금해』가 이제 더욱더 완전해진 세 권의 개정판 시리즈로 인사를 드리게 되었습니다. 새로운 『발음을 부탁해』 시리즈를 통해 여러분의 입과 귀가 열리면 자신감은 선물로 따라올 것을 약속드립니다. 영어의 기본 소리가 전공자뿐 아니라 영어를 배우는 누구에게든 열려 있기를 희망합니다. 알파벳부터 영어를 배우듯, 머지않아 영어의 기본 음소도 온 국민이 배우는 날이 오겠죠?

2020년 봄 세인트루이스에서,
샤론 강

독자 추천평

왜 들리지 않았고, 왜 다르게 발음했는지 정확히 짚어 주셨습니다.
저는 캐나다에서 지내면서도 영어가 잘 들리지 않았고, 제대로 발음할 수 없었습니다. 1년여의 시간 동안 샤론 선생님의 라이브 방송을 보고, 들으면서 여러 나라 사람들의 발음이 조금씩 들리기 시작했고, 도서관에서 아이들의 동화책을 읽어 주게 되었습니다. 항상 아이들이 책을 읽어 달라고 하면 캐네디언을 의식해서 읽지 못하고 피했던 제가 요즘은 소리 내어 읽기 시작했습니다. 『발음을 부탁해』가 한국에 있는 모든 영어 교육의 변환점이 되어 한국인도 영어를 잘하는 민족으로 거듭날 수 있게 되는 책이 되면 좋겠습니다.   **제니** 님 / 출처: 인스타그램**

이렇게까지 알기 쉽게 원리까지 알려 준 책은 없었습니다.
각 음소가 가지고 있는 정확한 소리! 그 소리를 알려 주는 것이 바로 『발음을 부탁해』라는 책입니다. 지금까지 포기하고 살았던 발음에 대한 희망을 보게 해 준 책입니다. 샤론 선생님이 직접 녹음한 음성 파일을 들으며 공부하다 보면 발음 공부가 재미있어집니다. 아는 단어들도 정확한 소리가 궁금해 찾아보게 됩니다. 우리나라 영어 교육에 꼭 필요한 책이 바로 이 책입니다.   **sk****45 님 / 출처: 예스24**

발음의 신세계로 입문시킬 독보적 서적!
발음 교정 관련 독보적 서적이라 아낌없이 칭하고 싶다. 한국인의 만성적이다 못해 고질적인 발음 문제를 예리하게 간파하고, 22개의 '음소'라는 소리의 최소 단위에 색깔 명칭(pink, green, purple 등)을 붙여 학습자로 하여금 음소 간의 차이를 머릿속으로 구체적으로 그릴 수 있게끔 지도한다. 더불어 저자가 직접 녹음한 음성 자료를 무료로 지원받을 수 있으며 네이버 카페(cafe.naver.com/sharonshine)와 인스타(@shappoyoungmom)를 통해 다양한 강의 자료를 접할 수 있어 가히 살아 있는 책이라 할 만하다.   **si****oo 님 / 출처: 알라딘**

영어의 완성도를 높이고 언어 전달이라는 기능을 제대로, 고급스럽게 하고 싶으신 분은 꼭 들어야 합니다.
입시 영어, 흉내 내는 영어만 알았던 나날들… 우연히 접한 샤론 선생님의 수업은 우물 안 개구리, 아니 땅속 겨울잠을 자던 개구리를 깨워 주신 것과 다름없었답니다. 제대로 된 발음을 공부하면서 내가 어떤 언어를 하는지 돌아보게 되었고, 왜, 어떻게 해야 하는지, 영어 공부를 제대로 완성시키게 되었습니다. 사랑합니다. 샤론 선생님.   **최이* 님 / 출처: 인스타그램**

한국식 발음의 문제점을 정확히 집어서 제대로 된 미국식 영어 발음을 가르쳐 주는 책은 샤론 선생님의 발음 시리즈가 유일하다고 생각합니다.
아이에게 영어 동화책을 읽어 주는 것을 목표로 발음 교정을 하고 싶어서 샤론 선생님의 다양한 채널(인스타그램, 유튜브, 카페, bootcamp 등)을 통해 영어 공부를 다시 시작했는데, 기대 이상으로 영어 실력이 향상되어 이제라도 샤론 선생님을 알게 된 게 다행이라는 생각을 했습니다. 그동안 영어에 투자한 시간과 노력에 비해 만족스럽지 않은 영어 실력으로 흥미를 잃은 분들에게 꼭 추천하고 싶습니다.   김성* 님 / 출처: 인스타그램

이 책으로 공부하면 내 귀가, 내 입이 달라지는 걸 느낄 수 있습니다.
저는 지금까지 스스로 영어는 아주 못하는 건 아니라고 생각하며 살아왔습니다. 좋아하는 과목이었고 어학연수도 다녀왔고 해외 출장도 잦아 영어를 접할 기회도 많았거든요. 그런데 작년에 선생님 책 『발음을 부탁해』와 선생님 라이브 방송과 유튜브를 접하고 나서 제 생각은 완전히 달라졌습니다. 아주 열심히 공부한 것도 아닌데 선생님 라방과 유튜브 그리고 책만으로도 영화나 드라마의 말들이 들리는 신기한 경험을 몸소 체험했거든요. 이 책은 정말 영어 공부의 신세계가 될 거예요. 이 책으로 공부하면 내 귀가, 내 입이 달라지는 걸 느낄 수 있습니다. 좋은 책 만들어 주셔서 감사합니다.   uf**** 님 / 출처: 인터넷 교보문고

발음이 잘 들리는 순간 영어는 날개를 달기 시작합니다.
꾸준한 영어 리스닝의 어려움으로 무언가 필요하다는 진단이 내려졌을 때, 선생님의 책을 접하게 되었습니다. 책을 통해 정확한 발음을 배운 후에는, 잘 들리지 않았던 부분들이 너무 쉽게 해결되었습니다. 영어를 배우는 사람들은 꼭꼭 기본적으로 보고 가셔야 합니다!!
쩨* 님 / 출처: 인스타그램

정확한 음소를 알고 발음하면 저절로 네이티브가 됩니다.
정말 꼭 봐야 하는 책입니다. 성인도 네이티브 발음을 할 수 있게 하는 유일한 교과서. 정말 마법이 일어납니다!! 그냥 따라만 해 보세요~^^ 정확한 음소로 우리 아이들에게 알려 줘서 발음 고통을 물려주지 마세요!!   ma****ang 님 / 출처: 인터넷 교보문고

영어 발음, 혀가 굳어서 안 되는 게 아니라 정확한 발음을 알지 못해서 안 되는 거였어요!
한국에서도 원어민 소리를 낼 수 있게 만들어 주는 책! minimal pair로 모음 소리를 비교할 수도 있고 라방으로 강의까지 해 주시는 멋진 샤론 강 선생님! 선생님의 목소리를 들으면서 연습도 할 수 있어요! 자음 모음 된소리 현상 연음 현상~ 영어 발음이 왜 이렇게 되는지를 자세히 알려줍니다! 유튜브로 강의를 들을 수도 있어서 너무 좋아요! 새로운 영어 발음의 세계로 인도해 주는 요요 책~! 강추합니다.   mi****27 님 / 출처: 예스24

차례

여는 글 • 4
독자 추천평 • 8

PART 1 내 영어가 빛나지 않는 이유

1. 영어의 진짜 두 얼굴 14
2. 음소와 발음기호 이야기 19
3. 빛나는 영어의 지름길 22
4. Minimal Pair를 소개합니다. 23
5. 발음 진단 TEST 24

PART 2 빛나는 영어 발음
모음 소리

모음 기본 소리 알기 28
모음 1강 Pink [ɪ] vs Green [iy] 30
모음 2강 Red [e] vs Navy [ey] 40
모음 3강 Black [æ] 50
모음 4강 Olive [ɑ] 58
모음 5강 Plum [ə] 66
모음 6강 Strawberry [ɔ] 74
모음 7강 Gold [ow] 82
모음 8강 Lime [ɑy] Brown [ɑw] Oyster [oy] 90

모음 9강 Cookie [ʊ] vs Blue [uw] 100
모음 10강 r로 끝나는 소리 110
Sound Quiz 130
모음 총정리 Quiz 135

PART 3

빛나는 영어 발음
자음 소리

자음 기본 소리 알기 140
자음 1강 [p] vs [b] 142
자음 2강 [t] vs [d] 152
자음 3강 [k] vs [g] 162
자음 4강 [f] vs [v] 170
자음 5강 [l] vs [r] 180
자음 6강 [θ] vs [ð] 194
자음 7강 [s] vs [z] 208
자음 8강 [ʃ] vs [ʒ] 220
자음 9강 [ʧ] vs [ʤ] 230
자음 10강 [y] [h] [w] [m] [n] [ŋ] 244
된소리 & 약음 Quiz 258
자음 총정리 Quiz 259

PART 4

한 걸음 더!
연음·강세·리듬·억양

연음 알기 264
강세·리듬·억양 익히기 268

Quiz 정답 • 276

저자가 직접 녹음한 음성 자료와 함께 학습하세요.

PART 1

내 영어가
빛나지 않는 이유

1. 영어의 진짜 두 얼굴

　알파벳 a, e, i, o, u 다섯 개는 모음 글자이고, 나머지 21개가 자음 글자라는 것은 모두 알고 있는 사실입니다. 그러나 모음 소리가 분류법에 따라 최대 25개까지 있다는 것은 많은 사람들이 알지 못합니다. 아마 접한 적도 없을 것입니다. 저 역시도 음성학 원서를 보기 전까지는 생각하지 못했으니 말이죠.
　영어가 만들어 내는 모든 소리를 나열해 보면 모음에는 19~25개의 소리, 자음에는 24개의 소리가 있다는 것을 알 수 있습니다. 글자 수에 비해 소리가 훨씬 많습니다. 달리 말하면 소리에 비해 이를 표현할 글자가 모자란다는 것입니다. 결국 글자를 조합해서 쓸 수밖에 없는 것이죠.
　영어가 이렇게 된 데에는 역사적인 배경이 있습니다. 영국인들이 신대륙을 발견한 후 미국 영어가 정착되기 이전에도, 영어는 이미 유럽의 다양한 언어로부터 단어의 철자를 따온 경우가 많았습니다. 예를 들어 green의 [iy] 소리만 해도 철자 표기가 매우 다양합니다. e, ea, ee, ei, eo, ie, ey와 같이 말이죠. 심지어는 i로도 표기되어 우리의 머릿속을 복잡하게 만듭니다. gold의 [ow] 소리도 o, oa, ow, oe, ou로 다양하게 표기할 수 있습니다. 철자는 다르지만 소리는 같은 것이죠.

철자 하나를 예로 들어 살펴볼까요? 아래 그림을 보세요.

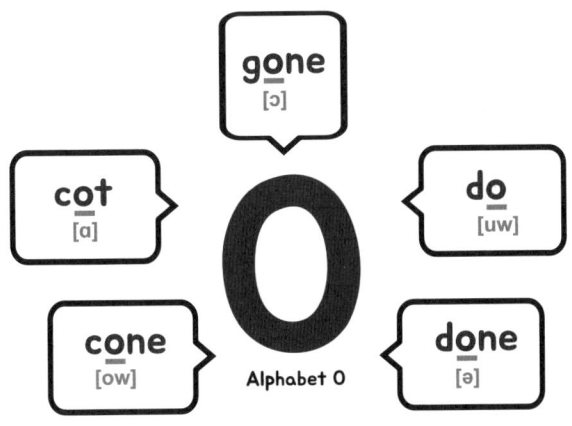

알파벳 o는 정말 골칫덩어리입니다. o가 내는 소리는 무려 다섯 가지나 있습니다. cone, done, gone은 앞의 자음만 바뀌었을 뿐인데 o의 소리가 모두 다릅니다. 문제는 이것이 알파벳 o에만 국한된 이야기가 아니라는 점입니다. 영어는 어떤 글자도 한 가지 소리만을 내지 않습니다. 즉, 소리의 영역과 글자의 영역이 별개로 존재하는 것이죠.

영어가 소리의 영역과 글자의 영역이 따로 존재하는 두 언어로 되어 있다는 것을 증명해 주는 예는 실생활에서도 찾아볼 수 있습니다. 바로 Spelling Bee라고 하는 대회입니다. 고유 언어의 철자가 난해하다 보니 Spelling Bee와 같은 대회를 열어 교내, 시 단위, 주 단위, 그리고 국가적으로도 대회를 치르고 상을 주는 것이죠.

일상생활에서도 "How do you spell it?" 또는 "How does it spell?"이라고 흔히 물어봅니다. 우리가 보기에는 영어를 모국어로 쓰면서 서로 철자를 물어본다는 게 잘 이해되지 않을 것입니다.

이와 같은 예시가 바로 영어의 문제점을 그대로 보여 주고 있습니다. 이러한 현실에서 영어의 기본 음소(phoneme)는 배우지 않고 알파벳 글자 26개로만 영어를 배우려 한다는 것은 심각한 문제가 아닐 수 없습니다. 알파벳의 26개 글자는 읽고 쓰는 영역입니다. 따라서 듣고 말하는 영역의 기본 음소를 배우지 않는다면 듣고 말하기가 어려운 것은 당연한 이치입니다. 알파벳도 모르고 책을 읽으라는 것과 같은 것이죠. 이쯤에서 저는 질문을 던져 봅니다. 발음 원서에서는 쉽게 찾아볼 수 있는 이와 같은 사실을 한국에서는 왜, 도대체 왜, 아무도 가르쳐 주지 않는지 말입니다.

하지만 이제 긍정적으로 생각해 보기로 하겠습니다. 50개 미만의 음소가 영어의 모든 소리를 대표한다는 사실은 곧 이것만 알면 영어의 모든 소리를 낼 수 있다는 희망적인 이야기가 되는 것이니까요.

어떤 음성학자들은 영어가 두 가지 언어로 되어 있다고 말합니다. 읽고 쓰기 위해 알파벳을 먼저 알아야 하듯이, 영어를 제2언어나 외국어로 배우는 사람들은 듣고 말하기 위해 소리의 알파벳인 음소를 먼저 배워야 합니다. 기본 소리도 모르는 상태에서 정확한 듣기나 말하기가 가능할 리가 없겠죠? 음소에 대한 학습 없이 알파벳만 배우고 곧장 말하기, 듣기, 읽기, 쓰기를 배우기 때문에 소리의 영역에 해당하는 말하기와 듣기를 어렵게 느낄 수밖에 없는 것입니다. 언어의 읽기, 쓰기뿐 아니라 말하기, 듣기 실력까지 모두 균형 있게 기르기 위해서는 알파벳을 배우는 단계에서 음소, 즉 기본 소리도 함께 학습해야 합니다.

잘못된 한국식 영어 습득 과정

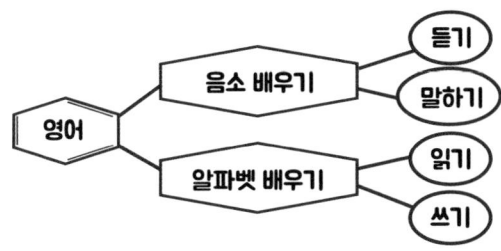

바람직한 영어 습득 과정

영어가 모국어인 원어민들에게 영어의 음소를 따로 배웠느냐고 물어본다면 당연히 배우지 않았다고 할 것입니다. 태어나면서부터 영어의 음소를 구별하는 훈련이 자신도 모르는 사이에 자연스럽게 이루어지기 때문입니다. 한편으로는 음소를 익히는 것과 비슷한 훈련이 어린 시절 파닉스(phonics) 교육으로 은연중에 이루어지기도 합니다. 엄밀히 말하면 100프로 아무 노력 없이 습득하지는 않는 것이죠.

어떤 이들은 12세 이후에 미국에 오면 발음만큼은 고칠 수 없다고 주장합니다. 사실 개인적인 언어 습득 능력과 환경의 차이로 습득 기간의 차이가 생기는 것이지, 특정 나이에 한계가 있는 것은 아닙니다. 미국 유학생들의 경우에도 얼마나 집중해서 학습하는지에 따라, 또 개개인의 언어 습득 능력에 따라 영어의 음소를 자연적으로 습득하는 기간이 각각 다릅니다.

"누구는 미국 온 지 5년 됐는데 영어가 완전 네이티브야."

"누구는 미국 온 지 15년 됐는데 아직도 한국 발음이야."

그래서 이런 흔한 말이 자주 입에 오르내리게 됩니다. 저만 해도 고1 때 미국에 와서 1년이 채 되지 않아 주위 사람들에게서 미국에서 태어났냐는 말을 들었지만, 한국식 억양이 완전히 없어진 것은 유학 생활이 끝나던 8년 후의 일이었습니다.

어디에서나 통하는 올바른 발음이 목표라면 여러분은 이 책을 통해서 시간 낭비를 조금은 줄일 수 있을 것이고, 영어로 하는 의사 표현에 더욱 자신감이 생길 것입니다.

2. 음소와 발음기호 이야기

모든 언어에는 기본 소리 단위인 음소가 존재합니다. 음소란 모든 언어의 기본 소리 단위이며, 음소보다 더 작은 단위는 없습니다. 음소는 영어에만 있는 것이 아니라 언어마다 20개에서 60개까지 다양하게 존재합니다. 한국어의 음소 개수는 글자 수와 거의 같습니다. 이탈리아어의 음소 개수도 글자 수와 거의 같다지요. 그렇다면 어느 언어가 배우기 쉬운 언어일까요? 음소 수와 글자 수가 비슷할수록 말을 배우기 쉬운 언어가 됩니다. 한글이 과학적인 이유는 글자 '아'가 [아]라는 소리로만 읽히기 때문입니다. 한국에서 3년을 거주한 외국인의 한국어 말하기 실력이 미국에서 3년을 거주한 한국인의 영어 말하기 실력보다 월등한 이유입니다.

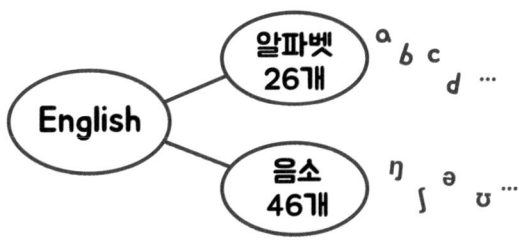

국어사전에는 없는데 영어 사전에만 있는 것이 바로 발음기호와 소리듣기 기능입니다. 영어의 모든 단어는 약속된 고유의 소리가 있는데, 바로 그 소리를 표현하기 위한 기호가 발음기호입니다. 발음기호는 외국어 학습자가 동일한 소리를 내도록 하는 일종의 약속된 표시인 것입니다. 소리와 글자가 거의 일치하는 한글을 쓰는 우리에게는 이러한 발음기호가 필요없지요. 발음기호의 존재 자체가 영어의 소리-글자 불일치를 증명하는 셈입니다. 원어민에게도 발음기호는 꼭 필요합니다.

다시 음소 이야기로 되돌아갑시다. 우리는 정말 영어의 음소를 전혀 모를까요? 그렇지는 않습니다. 사전에 있는 발음기호를 접해 보셨다면 여러분은 이미 음소의 존재를 알고 있는 것입니다. 그 발음기호가 내는 소리가 음소인 것이죠. 즉, 발음기호는 음소가 내는 소리를 기호화한 것입니다. 이 세상에 있는 모든 언어의 소리를 공통의 기호로 만든 것이 바로 국제 음성 학회가 만든 국제 음성 기호(International Phonetic Alphabet), IPA입니다. 말하자면 프랑스어의 ch와 영어의 sh가 같은 소리를 내는데, 철자가 다르니 같은 소리임을 나타내 주는 하나의 약속된 기호가 필요했던 것이죠.

국제 음성 기호로 소리를 문자화하는 것이 가능해졌지만, 아직 완전히 정착되지 않았기 때문에 영어 사전마다 발음기호를 각기 다르게 씁니다. 세대를 거치면서 영어를 모국어로 쓰는 사람들에게 더 편리한 기호가 만들어지기도 합니다. 그 예로 구글(Google)의 발음기호는 원어민에게 생소한 IPA를 따르기보다는 원어민이 실제로 소리 내듯 발음할 수 있는 알파벳을 조합해 발음기호로 사용합니다. cookie의 일반적인 발음기호 표기는 [kʊkiy] 또는 [kʊki]지만 구글의 표기는 [ko͝okē]로 되어 있습니다.

사전마다 다른 발음기호는 우리가 영어 발음을 정확히 이해하지 못하게 방해하는 일등 공신입니다. 이 책의 모음 1강에서 정리한 pink와 green만 보아도 pink의 i 발음을 [i]라고 쓰고, green의 ee 발음을 [i:]라고 표기하는 사전들이 있습니다. 이러한 표기를 보며 사람들은 [i]와 [i:]가 같은 발음이며 길이에만 차이가 있다고 착각하게 됩니다. 그러나 이 두 소리는 엄연히 다릅니다. 소리를 내는 입모양부터 전혀 다르지요. IPA에서는 pink와 green의 모음 소리 발음기호를 [ɪ]와 [i] 또는 [ɪ]와 [iy], 혹은 [i]와 [ē]로 구분합니다. 이 책에서도 이러한 IPA의 원리를 반영해 발음기호를 정리했습니다. 사전에서 볼 수 있는 다른 기호들도 함께 정리해 놓았으니 참고하면서 공부하세요. '소리를 나타내는 기호'를 금방 눈에 익힐 수 있습니다. 이 책에서는 r로 끝나는 모음 소리까지 포함해 모음 22개, 자음 24개로 소리를 정리했습니다.

발음기호는 사전에 소리 듣기 기능이 없을 때 만들어졌습니다. 이제는 사전에 소리 듣기 기능이 있으니 소리를 들으면서 발음기호를 눈으로 익혀 두시기 바랍니다. 소리만 듣거나 발음기호만 보는 것보다는 두 가지를 같이 하는 것이 정확한 소리에 가깝게 발음할 수 있는 지름길입니다. 외국어로서 영어를 공부하는 한국인은 단어를 처음 접할 때마다 이를 반드시 사전에서 찾아보고 소리를 확인해야 합니다. 원어민도 필요한 사전의 이 두 가지 기능은 외국인인 우리에게는 더욱더 필요한 기능이지요. 소리를 듣고 확인하는 것은 언어를 배우는 사람의 가장 기본적인 자세입니다.

참고 문헌

Lane, Linda (2013). *Focus on Pronunciation*. New York: Pearson Education.
Avery, Peter (1992). *Teaching American English Pronunciation*. New York: Oxford University Press.
Orion, Gertrude F. (2011). *Pronouncing American English: Sounds, Stress, and Intonation*. Boston: Heinle ELT.
션 백 (2001). *미국 영어발음 43개 코드로 끝내기*. 서울: 삼영서관.

3. 빛나는 영어의 지름길

원어민처럼 유창한 영어를 하려면 강세와 억양만 있으면 된다? 천만의 말씀입니다. 영어에서는 강세(stress), 리듬(rhythm), 억양(intonation)의 삼박자가 맞아야 하고 영어 의사소통에 있어서 어쩌면 이 셋보다 중요한 것은 없습니다.

하지만 그에 앞서 영어의 기본 음소 인식은 말하기와 듣기 훈련의 가장 첫 단계이며 꼭 필요한 단계입니다. 모음 소리만 기본적으로 완벽히 익혀도 억양은 훨씬 더 수월하게 해결됩니다. 기본 음소를 소화하지 않은 채로 강세, 리듬, 억양을 억지로 흉내 내다가는 뭔가 5프로 부족한, 한국인 특유의 딱딱 끊기는 영어에 머무르게 될 것입니다. 강세와 억양만을 강조하는 이러한 발음 교육은 오히려 여러분의 영어를 표준 영어에서 멀어지게 만들 수 있으니 주의하시기 바랍니다. 수백 명의 대학생을 대상으로 한 발음 워크숍에서 직접 일대일로 진단해 보고 내린 결론입니다.

4. Minimal Pair를 소개합니다.

Minimal pair란 단어를 비교할 때 쓰는 용어로, 단 하나의 음소만이 다른 두 단어를 말합니다. 즉, 한 음소를 제외하고는 모든 조건이 같은 두 단어를 일컫는 말이죠. 예를 들어 pair-fair는 자음 소리 [p]와 [f]를 제외하고는 발음 조건이 모두 같습니다. ship-sheep도 모음 소리 [ɪ]와 [iy] 외에는 발음 조건이 모두 같지요. Minimal pair는 한국어에서도 찾아볼 수 있습니다. 단어 '국어'와 '숙어'는 자음 'ㄱ'과 'ㅅ' 외에는 모든 조건이 같으므로 minimal pair입니다. '너'와 '나'도 모음 'ㅓ'와 'ㅏ' 외에는 모든 조건이 같으므로 minimal pair를 이룹니다.

Minimal pair 요법은 언어 장애가 있는 원어민 아이들의 스피치 요법으로 사용되며, 영어를 제2언어로 배우는 학습자나 외국어로 배우는 학습자에게도 유용한 것으로 널리 알려져 있습니다. 이 책은 여러 가지 minimal pair를 통해 영어의 기본 소리를 집중적으로 연습할 수 있도록 구성하였습니다. 소리의 차이에 집중하며 연습하면 더욱 빠르게 정확한 발음을 익힐 수 있습니다.

5. 발음 진단 TEST

자, 본문으로 들어가기 전에 여러분은 발음 진단을 거치셔야 합니다. 내 발음의 현주소는 어디일까요? 이 책을 시작하기 전에 확인해 보고, 이 책을 끝까지 공부한 뒤에 다시 확인해 봅시다. 보고 또 보고, 아셨죠?

모음 소리 QUIZ T-1

다음 중 밑줄 친 부분의 모음 소리가 나머지와 다른 것을 고르세요.
정확한 진단을 위해 10문제를 모두 푼 후 정답을 확인하세요.

1	① w<u>o</u>rk	② w<u>o</u>re	③ w<u>a</u>r	④ w<u>a</u>rn	⑤ ad<u>o</u>rn
2	① f<u>i</u>rst	② b<u>u</u>rn	③ s<u>u</u>gar	④ w<u>a</u>rm	⑤ w<u>o</u>rm
3	① ph<u>o</u>ne	② <u>o</u>wn	③ <u>o</u>ver	④ <u>o</u>pen	⑤ <u>o</u>ption
4	① b<u>ee</u>n	② for<u>ei</u>gn	③ b<u>u</u>sy	④ m<u>a</u>chine	⑤ s<u>i</u>p
5	① c<u>a</u>lm	② s<u>o</u>b	③ l<u>a</u>w	④ r<u>o</u>bot	⑤ w<u>a</u>nt
6	① f<u>oo</u>l	② st<u>oo</u>d	③ b<u>u</u>tcher	④ p<u>u</u>ll	⑤ c<u>ou</u>ld
7	① w<u>o</u>lf	② w<u>oo</u>d	③ c<u>oo</u>k	④ wh<u>o</u>	⑤ s<u>u</u>gar
8	① <u>a</u>ny	② <u>A</u>nnie	③ l<u>au</u>gh	④ <u>a</u>nimal	⑤ pl<u>ai</u>d
9	① f<u>o</u>nd	② l<u>o</u>ner	③ <u>o</u>wn	④ t<u>o</u>ken	⑤ g<u>o</u>ld
10	① b<u>ou</u>ght	② t<u>a</u>lk	③ w<u>o</u>k	④ cl<u>au</u>se	⑤ l<u>o</u>st

정답: ① ④ ⑤ ④ ③ ① ④ ① ① ③

자음 소리 QUIZ 🎧 T-2

다음 중 밑줄 친 부분의 자음 소리가 나머지와 다른 것을 고르세요.
정확한 진단을 위해 10문제를 모두 푼 후 정답을 확인하세요.

1 ① c̲lue   ② c̲ell   ③ c̲ute   ④ c̲rate
2 ① c̲ite   ② c̲edar   ③ c̲ement   ④ c̲ure
3 ① ac̲re   ② c̲hrome   ③ k̲ite   ④ q̲uit
4 ① fal̲l   ② mil̲k   ③ l̲ight   ④ fil̲ter
5 ① lau̲g̲h   ② metap̲h̲or   ③ pref̲er   ④ sh̲ep̲herd
6 ① tou̲g̲h   ② th̲ou̲g̲h   ③ enou̲g̲h   ④ cou̲g̲h
7 ① w̲rist   ② r̲ide   ③ gir̲l   ④ r̲hythm
8 ① sal̲mon   ② chal̲k   ③ cal̲m   ④ al̲ways
9 ① th̲at   ② th̲ese   ③ bath̲e   ④ both̲
10 ① he's̲   ② hiss̲   ③ ears̲   ④ his̲

정답: ② ④ ① ③ ④ ② ③ ④ ④ ②

맞은 개수를 확인해 보세요!

0~5개   당신은 열심히 영어를 공부하신 아주 평범한 한국인입니다! 좌절하지 마세요.
6~11개   당신은 영어권 나라로 유학이나 어학연수를 떠난 경험이 있군요!
12~16개 당신은 미국에 거주한 지 20년 이상이거나 현직 영문과 교수시군요!
17~20개 당신은 영어를 모국어처럼 구사하시는군요!

만일 우리가 어려서부터 영어의 알파벳과 더불어 영어의 기본 소리를 배웠다면 영어권 나라 거주 경험과 상관없이 모두 17개 이상 맞혔을 것입니다. 좋은 소식 하나 알려 드릴게요. 이 책을 보신 후에는 여러분도 모두 맞힐 수 있게 됩니다.

저자가 직접 녹음한 음성 자료와 함께 학습하세요.

PART 2

빛나는 영어 발음
모음 소리

모음 기본 소리 알기

영어의 모음 알파벳은 a, e, i, o, u 다섯 개뿐이지만, 모음 소리는 22가지가 있습니다.* 22개의 모음 소리를 5개의 알파벳으로만 표현하기 때문에 수많은 조합이 생길 수밖에 없고, 중복되는 조합들로 인해 영어를 배우는 사람이 고통을 받게 됩니다.

『발음을 부탁해』에서는 어려운 음성학 원서를 보지 않아도 영어의 기본 소리를 쉽게 이해할 수 있도록 정리했습니다. 22개의 모음 소리를 집중적으로 연습하여 영어의 기본기를 탄탄히 하면 듣기와 말하기에 자신감이 생길 거예요.

* 음성학자에 따라 19개에서 최대 25개까지 분류합니다.

1 모음 소리는 크게 stressed(긴장음)와 unstressed(비긴장음)로 나뉩니다. 한마디로 입술에 힘을 주는 소리와 힘을 빼는 소리로 나뉜다는 말입니다. stressed, unstressed 표시를 눈여겨 보세요.

2 모음 소리 22개에는 모두 이름이 붙어 있습니다. 여러분의 기억을 돕기 위해 대부분 색깔이나 과일 이름을 붙였습니다. 앞으로 쉽게 이름으로 기억해 주세요.

3 모음 강의에는 모두 입 모양 그림이 있습니다. 미국인 디자이너 Molly와 오랜 시간 작업한 끝에 탄생한 정확한 입 모양으로 여러분의 이해를 돕습니다. 아무리 봐도 이해되지 않는 옆모습 단면은 넣지 않았습니다.

4 정확한 미국 원어민 발음을 누구나 습득할 수 있다는 것을 증명하기 위해서 모든 책의 음성 자료는 원어민 강사의 도움 없이 저자인 제가 직접 녹음했습니다.

5 모음 강의에는 minimal pair 비교가 있습니다. 음소 한 가지를 제외하고 나머지 발음이 모두 같은 상황에서 특정 음소의 발음을 비교하며 집중적으로 연습할 수 있도록 구성했습니다.

	『발음을 부탁해』 음소기호	음소 이름	비긴장음 unstressed	긴장음 stressed	이중모음 diphthong (stressed)	r 끝소리
1강	[ɪ]	pink	○			
	[iy]	green		○		
2강	[e]	red	○			
	[ey]	navy			○	
3강	[æ]	black		○		
4강	[ɑ]	olive		○		
5강	[ə]	plum	○			
6강	[ɔ]	strawberry		○		
7강	[ow]	gold			○	
8강	[ay]	lime			○	
	[aw]	brown			○	
	[oy]	oyster			○	
9강	[ʊ]	cookie	○			
	[uw]	blue		○		
10강	[ər]	purple				○
	[ɪər]	beer				○
	[er]	air				○
	[or]	corn				○
	[ɑr]	tart				○
	[ur]	tour				○
	[ayr]	fire				○
	[ərl]	pearl				○

원어민 발음은 특정 집단의 것이 아니에요. 영어의 기본 소리를 체계적으로 배운다면 누구나 습득할 수 있어요. 원래 그랬답니다.

모음 1강 Pink [ɪ] vs Green [iy]

모음 음소

as in if, this, is, it

unstressed
비긴장음

사전 발음기호
[i] [ɪ]

PINK

i	g<u>i</u>ve <u>i</u>f <u>i</u>s <u>i</u>t l<u>i</u>ttle th<u>i</u>s
y	g<u>y</u>m rh<u>y</u>thm bic<u>y</u>cle l<u>y</u>rics
ui	b<u>ui</u>ld g<u>ui</u>lty
e	pr<u>e</u>tty d<u>e</u>cember
u	b<u>u</u>sy
ee	b<u>ee</u>n

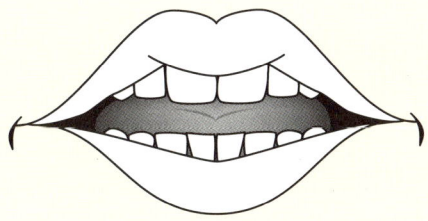

[이]와 [애]의 중간

pink의 모음 소리 **[ɪ]**입니다. 우리말로 외래어를 적을 때 '이'라고 표현하기 때문에 green의 **[iy]** 소리와 혼동하기 쉽지만 엄연히 다른 소리입니다. 음성학자들은 이 음소를 단모음(짧은 모음)보다는 완화음 또는 비긴장음(힘을 빼는 소리)이라고 표현합니다. 즉, 입술의 힘을 빼는 것이 이 소리의 가장 큰 특징입니다.

모음 음소

[iy]

as in be, me, we, he, she

stressed
긴장음

사전 발음기호
[i] [iː] [ē]

GREEN

A1-2

e	<u>e</u>ven w<u>e</u>
ee	f<u>ee</u>l n<u>ee</u>d s<u>ee</u>
ea	<u>ea</u>t <u>ea</u>ch <u>ea</u>st
ie/ei	bel<u>ie</u>ve <u>ei</u>ther p<u>ie</u>ce
i	mach<u>i</u>ne pol<u>i</u>ce sk<u>i</u>
ey	k<u>ey</u> hon<u>ey</u> mon<u>ey</u>
y	funn<u>y</u> pupp<u>y</u> ver<u>y</u>
eo	p<u>eo</u>ple

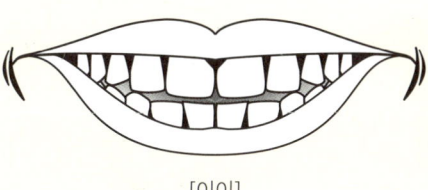

[이이]

green의 모음 소리 [iy]입니다. 음성학자들은 이 음소를 장모음(긴 모음)이 아니라 긴장음(힘을 주는 소리)이라고 표현합니다. 생각보다 입술을 더 길게 옆으로 찢듯이 해야 소리가 제대로 나옵니다. 입술이 긴장을 해서 옆으로 길어지는 모양새이지요. 기존의 발음기호 [i:]는 잊으세요. pink의 [ɪ] 소리를 길게 내는 것이 아니라 전혀 다른 소리입니다. 이 책에서는 확실한 구분을 위해 [iy] 기호를 사용합니다.

unstressed	*stressed*
[ɪ] Pink	[iy] Green
ship	sheep

Pink vs Green

| Minimal Pairs | 연습 |

A1-3

pink 발음은 '이'와 '애'의 중간 소리, **green** 발음은 '이이'와 비슷해요.

[ɪ]	[iy]	[ɪ]	[iy]
bit	beat (=beet)	list	least
chip	cheap	live	leave
dip	deep	pick	peak (=peek)
fit	feat (=feet)	rich	reach
hill	heal (=heel)	rid	read
hip	heap	risen	reason
hit	heat	sick	seek
it	eat	sin	seen
itch	each	sit	seat
lick	leak (=leek)	slip	sleep
lip	leap	still	steal (=steel)

QUIZ 1 음성을 듣고 어떤 단어인지 골라 보세요.
A1-4

Pink vs Green

1. ☐ ch<u>i</u>p   ☐ ch<u>ea</u>p
2. ☐ b<u>i</u>t   ☐ b<u>ea</u>t (=b<u>ee</u>t)
3. ☐ h<u>i</u>p   ☐ h<u>ea</u>p
4. ☐ <u>i</u>t   ☐ <u>ea</u>t
5. ☐ l<u>i</u>ck   ☐ l<u>ea</u>k (=l<u>ee</u>k)
6. ☐ l<u>i</u>ve   ☐ l<u>ea</u>ve
7. ☐ r<u>i</u>ch   ☐ r<u>ea</u>ch
8. ☐ s<u>i</u>ck   ☐ s<u>ee</u>k
9. ☐ sl<u>i</u>p   ☐ sl<u>ee</u>p
10. ☐ st<u>i</u>ll ☐ st<u>ea</u>l (=st<u>ee</u>l)

정답 p.276

섞어 연습 / Pink Green
A1-5

c<u>i</u>ty
 pink green

pr<u>e</u>tty
 pink green

m<u>ee</u>t<u>i</u>ng
 green pink

act<u>i</u>v<u>i</u>ty
 pink pink green

 집중 연습 / Green
A1-6

m<u>e</u>d<u>i</u>um

r<u>ea</u>lly

S<u>ee</u> m<u>e</u>.

Sh<u>e</u> s<u>ee</u>s.

 섞어 연습 / Pink Green
A1-7

S<u>ee</u> <u>i</u>t.
 green pink

D<u>i</u>g d<u>ee</u>p.
 pink   green

K<u>ee</u>p <u>i</u>t.
 green pink

g<u>i</u>ft r<u>e</u>c<u>ei</u>pt
 pink pink green

R<u>ea</u>ch <u>i</u>t.
 green   pink

<u>I</u>t s<u>ee</u>ms <u>ea</u>sy.
 pink green   green green

Sp<u>ee</u>d l<u>i</u>m<u>i</u>t <u>i</u>s f<u>i</u>fty.
 green pink pink pink green

DRILL 4 집중 연습 / Green A1-8

1. Please s<u>ee</u> m<u>e</u> at thr<u>ee</u>.
2. S<u>ee</u> you next w<u>ee</u>k.
3. H<u>e</u> has a r<u>ea</u>son for s<u>ee</u>ing m<u>e</u>.
4. H<u>e</u> m<u>ee</u>ts <u>ea</u>stern p<u>eo</u>ple.

DRILL 5 집중 연습 / Pink A1-9

1. Isn't th<u>i</u>s s<u>i</u>lly?
2. W<u>i</u>ll th<u>i</u>s st<u>i</u>ll f<u>i</u>t h<u>i</u>s wr<u>i</u>st?
3. G<u>i</u>ve th<u>i</u>s g<u>i</u>ft to M<u>i</u>ss F<u>i</u>nn.
4. <u>I</u>t w<u>i</u>ll stop <u>i</u>tching <u>i</u>n a m<u>i</u>n<u>u</u>te.

DRILL 6 섞어 연습 / Pink Green A1-10

1. Sh<u>e</u> <u>i</u>s <u>i</u>n h<u>i</u>s s<u>ea</u>t.
   green pink pink pink green
2. Th<u>i</u>s <u>i</u>s wh<u>i</u>pping cr<u>ea</u>m.
   pink pink pink pink green
3. The m<u>ee</u>ting s<u>ee</u>ms to b<u>e</u> v<u>e</u>ry boring.
   green pink green green green pink
4. H<u>e</u>'s on the sw<u>i</u>m t<u>ea</u>m th<u>i</u>s s<u>ea</u>son.
   green pink green pink green

| **QUIZ 2** | 발음 가려내기 |

A1-11

다음 중 밑줄 친 부분의 소리(음소)가 나머지와 다른 것을 고르세요.

1. ① b<u>i</u>stro   ② mach<u>i</u>ne   ③ p<u>i</u>zza   ④ qu<u>i</u>ck

2. ① for<u>ei</u>gn   ② l<u>ea</u>ve   ③ bel<u>ie</u>ve   ④ s<u>e</u>cret

| **QUIZ 3** | 받아쓰기 |

A1-12

1.
2.
3.
4.
5.
6.
7.
8.
9.
10.

정답 p.276

Did you know?
leak과 leek처럼 발음은 같고 뜻이 다른 동음이의어를 영어로는 homophone이라고 한답니다.

모음 2강 Red [e] vs Navy [ey]

모음 음소

as in again, against, said, says

unstressed
비긴장음

사전 발음기호
[e] [ɛ]

RED

e	n<u>e</u>ver r<u>e</u>d s<u>e</u>ll y<u>e</u>s
ea	d<u>ea</u>d h<u>ea</u>d br<u>ea</u>d m<u>ea</u>nt
ai	ag<u>ai</u>n s<u>ai</u>d ch<u>ai</u>r
a	<u>a</u>ny m<u>a</u>ny c<u>a</u>rrot p<u>a</u>rent
eo	l<u>eo</u>pard L<u>eo</u>nard
ay	s<u>ay</u>s
u	b<u>u</u>ry
ie	fr<u>ie</u>nd
ue	g<u>ue</u>ss
ua	g<u>ua</u>rantee

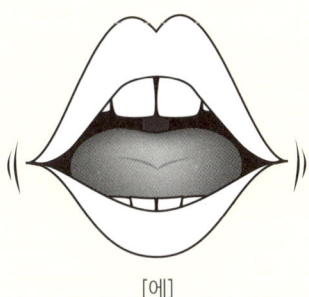

[에]

red의 모음 소리 [e]입니다. 이 소리도 pink의 [ɪ]와 마찬가지로 힘을 빼는 소리, 비긴장음입니다. pink의 [ɪ]가 아랫니가 보이도록 아랫입술을 당겨서 '으이그' 하는 듯한 입 모양이라면, red의 [e]는 살짝 웃는 입 모양을 만들며 [에] 하고 소리 냅니다.

모음 음소

[ey]

as in say, day, make, late, wait

stressed *diphthong*
긴장음 이중모음

사전 발음기호
[eɪ] [ei] [ā]

NAVY

- **a** — l<u>a</u>dy
- **a-e** — h<u>a</u>te l<u>a</u>te s<u>a</u>fe t<u>a</u>pe
- **ai** — f<u>ai</u>l r<u>ai</u>n tr<u>ai</u>n r<u>ai</u>se w<u>ai</u>t
- **ay** — s<u>ay</u> b<u>ay</u> d<u>ay</u> pl<u>ay</u>
- **ey** — conv<u>ey</u> ob<u>ey</u> surv<u>ey</u>
- **ea** — br<u>ea</u>k gr<u>ea</u>t sh<u>ea</u> st<u>ea</u>k
- **eigh** — <u>eigh</u>t n<u>eigh</u>bor w<u>eigh</u>t

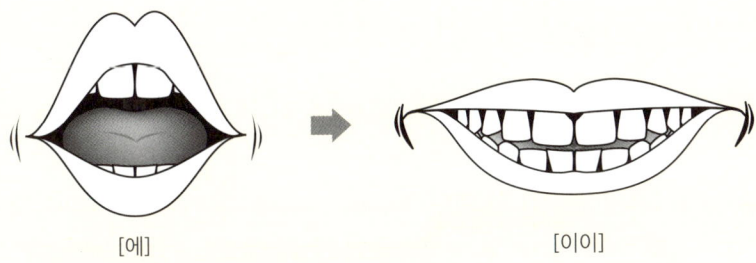

[에] → [이이]

navy의 모음 소리 **[ey]**는 **[e]**와 **[iy]**, 두 가지 모음 소리가 이어진 이중모음입니다. 한국인이 발음하기에 비교적 쉬울 것 같지만, **[e]**에서 **[iy]**로 넘어갈 때 **[iy]** 소리까지 완벽히 발음하는 사람은 많지 않습니다. 이 책에서는 뒤의 **[iy]** 소리를 강조하기 위해 발음기호를 **[ey]**로 나타냈습니다. 뒷부분을 신경 쓰지 않고 day를 [데]로, safe를 [세프]로 발음하게 되면 빛나는 발음과는 거리가 멀겠죠? 뒷부분의 **[iy]** 소리를 신경 써 주세요.

unstressed	*stressed*
[e]	**[ey]**
Red	**Navy**
sell	sail

Red vs Navy

| Minimal Pairs | 연습 |

A2-3

red 발음은 '에', navy 발음은 '에이'와 비슷해요.

[e]	[ey]	[e]	[ey]
bell	bail	led	laid
bet	bait	let	late
bled	blade	men	main (=mane)
chess	chase	met	mate
edge	age	tell	tail (=tale)
fed	fade	wet	wait
fell	fail	west	waist (=waste)
get	gate	yell	Yale

Minimal Pairs란?
발음할 때 한 가지 음소만 다른 한 쌍의 단어를 minmal pair라고 해요. 발음 비교에 용이하기 때문에 오래전부터 언어 장애가 있는 원어민 아이들의 스피치 테라피에 많이 활용되어 왔고, 영어가 모국어가 아닌 ESL, EFL 학생들에게도 유용하게 널리 쓰이지요.

QUIZ 1 음성을 듣고 어떤 단어인지 골라 보세요.

Red vs Navy

1. ☐ bell   ☐ bail
2. ☐ bled   ☐ blade
3. ☐ chess   ☐ chase
4. ☐ edge   ☐ age
5. ☐ fell   ☐ fail
6. ☐ led   ☐ laid
7. ☐ men   ☐ main (=mane)
8. ☐ tell   ☐ tail (=tale)
9. ☐ west   ☐ waist (=waste)
10. ☐ yell   ☐ Yale

정답 p.276

DRILL 1 섞어 연습 / Navy Green

ra**d**io
navy green

ra**i**ny
navy green

l**a**dy
navy green

DRILL 2 섞어 연습 / Navy Pink

S**a**y **i**t.
navy pink

T**a**ke **i**t.
navy pink

Th**i**s **i**s for a r**a**iny d**a**y.
pink pink navy navy

gr**ea**t g**i**fts m**a**de s**i**mple
navy pink navy pink

DRILL 3 섞어 연습 / Pink Green Red Navy

T**a**ke **i**t to M**a**cy's.
navy pink navy green

Th**ey** w**ai**t**e**d for m**a**ny d**a**ys.
navy navy pink red green navy

Sharon's Note

1. 자음 뒤에 오는 모든 끝글자 y는 green 발음입니다.

handy   rainy   crazy
green   green   green

2. 모든 끝글자 ing, ed, es, est의 모음은 pink 발음입니다.

eating   waited   races   tallest
pink   pink   pink   pink

DRILL 4 집중 연습 / Navy   A2-9

1. rainy day
2. later in the day
3. They waited and waited.
4. I greatly appreciate it.
5. They played a great game.

DRILL 5 집중 연습 / Red   A2-10

1. best friend
2. fender bender (도로에서 난 가벼운 접촉 사고)
3. red blender
4. best-dressed guest
5. These eggs sell better.

DRILL 6 섞어 연습 / Navy Red   A2-11

1. The lady ate bread with jelly.
   _{navy navy red red}
2. best day for a chess game
   _{red navy red navy}
3. Eight parents came to say yes.
   _{navy red navy navy red}
4. Friends never hate or betray.
   _{red red navy navy}

QUIZ 2 발음 가려내기

다음 중 밑줄 친 부분의 소리(음소)가 나머지와 다른 것을 고르세요.

1. ① s<u>ai</u>l　　② m<u>ai</u>l　　③ b<u>e</u>ll　　④ <u>a</u>ge

2. ① w<u>a</u>ste　② ch<u>a</u>se　③ ag<u>ai</u>n　④ gr<u>ea</u>t

QUIZ 3 받아쓰기

1. _____
2. _____
3. _____
4. _____
5. _____
6. _____
7. _____
8. _____
9. _____
10. _____

정답 p.276

모음 3강 Black [æ]

모음 음소

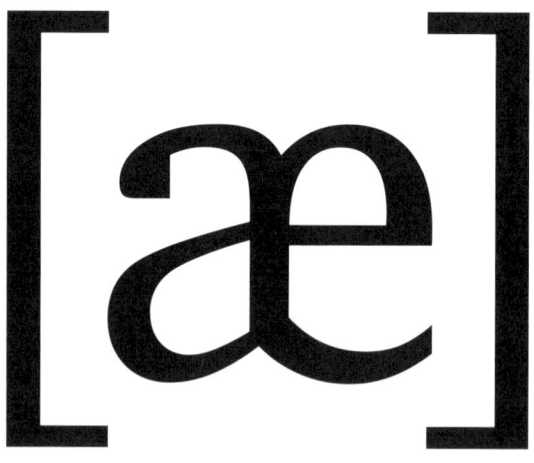

as in and, that, after, have

stressed
긴장음

사전 발음기호
[æ] [a]

BLACK

A3-1

a	<u>a</u>m <u>a</u>fter <u>a</u>nd <u>a</u>nimal <u>a</u>pple
	<u>a</u>sk b<u>a</u>g l<u>a</u>st th<u>a</u>t S<u>a</u>turday
al	c<u>a</u>lf s<u>a</u>lmon s<u>a</u>lve h<u>a</u>lves
au	l<u>au</u>gh l<u>au</u>ghter
ai	pl<u>ai</u>d

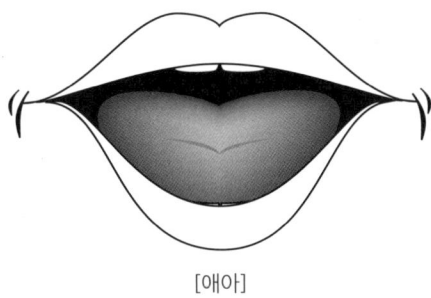

[애아]

black의 모음 소리 **[ae]**입니다. 여러분의 발음이 빛나지 않는 원인으로 빼 놓을 수 없는 발음이죠. 평소 사용하지 않았던 입 근육을 많이 움직여서 [애아]라고 해 보세요. 당연히 힘이 들어가니까 힘을 주는 소리, 긴장음이겠죠? 생각보다 입을 훨씬 더 많이 벌려야 합니다. [애]에서 멈추지 않고 끝소리 [아]까지 들리도록 말이죠.

unstressed	*stressed*
[e]	**[æ]**
Red	**Black**
leg	lag

Red vs Black

| Minimal Pairs | 연습 |

A3-2

red 발음은 '에', black 발음은 '애아'와 비슷해요.

[e]	[æ]	[e]	[æ]
any	Annie	kettle	cattle
bed	bad	letter	latter
bend	band	met	mat
bread	brad	said	sad
Ed*	add	send	sand
end	and	set	sat
guess	gas	ten	tan
head	had	x	axe

* 남자이름 Edward 또는 education의 줄임말

QUIZ 1 음성을 듣고 어떤 단어인지 골라 보세요. 🎧 A3-3

Red vs Black

1. ☐ bed   ☐ bad
2. ☐ bend   ☐ band
3. ☐ Ed   ☐ add
4. ☐ end   ☐ and
5. ☐ guess   ☐ gas
6. ☐ head   ☐ had
7. ☐ kettle ☐ cattle
8. ☐ met   ☐ mat
9. ☐ said   ☐ sad
10. ☐ set   ☐ sat

정답 p.276

DRILL 1 비교 연습 / Pink Green Red **Black**

bid	bead	bed	bad
bitter	beater	better	batter
did	deed	dead	dad
pick	peak	peck	pack
Sid	seed	said	sad
sit	seat	set	sat
tin	teen	ten	tan

QUIZ 2 음성을 듣고 어떤 단어인지 골라 보세요.

	[ɪ]	[iy]	[e]	[æ]
1.	bid	bead	bed	bad
2.	bitter	beater	better	batter
3.	did	deed	dead	dad
4.	pick	peak	peck	pack
5.	Sid	seed	said	sad
6.	sit	seat	set	sat
7.	tin	teen	ten	tan

정답 p.276

DRILL 2 집중 연습 / Black

1. animal crackers
2. candy land
3. the last chance
4. as a matter of fact
5. Dad is sad.
6. Sally has the answer.
7. I'll be back this afternoon.

DRILL 3 섞어 연습 / Red Black

1. This bed is bad.
   _{red} _{black}
2. again and again
   _{red} _{black} _{red}
3. Sally said she had sat there.
   _{black} _{red} _{black} _{black}
4. Dad asks again and Ted answers.
   _{black} _{black} _{red} _{black} _{red} _{black}

QUIZ 3 발음 가려내기   A3-8

다음 중 밑줄 친 부분의 소리(음소)가 나머지와 다른 것을 고르세요.

1. ① pl<u>ai</u>d   ② s<u>ai</u>d   ③ <u>a</u>fter   ④ l<u>au</u>gh

2. ① pi<u>a</u>no   ② ag<u>ai</u>nst   ③ s<u>e</u>t   ④ sp<u>e</u>nd

QUIZ 4 받아쓰기   A3-9

1. _____   6. _____

2. _____   7. _____

3. _____   8. _____

4. _____   9. _____

5. _____   10. _____

정답 p.276

모음 4강 Olive [ɑ]

모음 음소

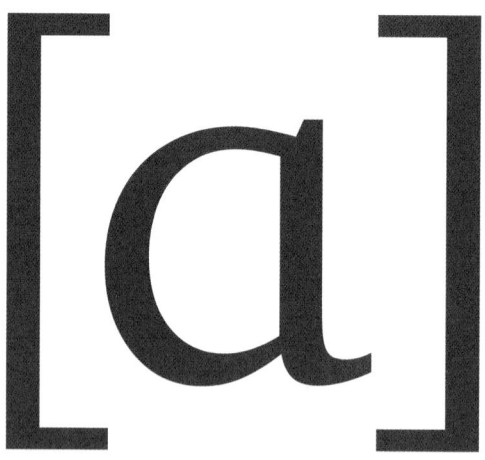

as in on, not

stressed
긴장음

사전 발음기호
[ɑ] [ɑː] [ɒ] [ä]

OLIVE

A4-1

o	cl**o**ck h**o**t n**o**t **o**pera st**o**p **o**n
a	f**a**ther w**a**llet w**a**nt w**a**ter st**a**r*
ea	h**ea**rt* h**ea**rty*
al	b**al**m c**al**m p**al**m Ps**al**m
ol	s**ol**der

* 음성학자들은 star, heart와 같이 olive의 [ɑ] 소리에 [r] 끝소리가 더해진 r 합성 모음을 별개의 음소로 구분합니다. (모음 10강에 정리했습니다.)

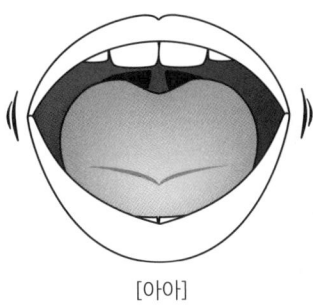

[아아]

olive의 모음 소리 **[ɑ]**입니다. 우리말 [아] 소리와 비슷하지요. 이 소리도 힘을 주는 긴장음이기 때문에 입 근육을 많이 사용해야 합니다. 목젖이 보이도록 목구멍을 열어서 내는 소리입니다. 노래를 하듯이 말이죠. olive 발음은 자신감이 중요합니다. 이 소리는 알파벳 철자 o로 표기될 때가 많지만, 알파벳 o가 들어간 모든 단어에서 이 소리가 나는 것은 아니니 구분해 내는 능력을 키워야 합니다.

stressed	*stressed*
[æ] **Black**	**[ɑ]** **Olive**
map	mop

Black vs Olive

A4-2

Minimal Pairs 연습

black 발음은 '애아', olive 발음은 '아아'와 비슷해요.

[æ]	[ɑ]	[æ]	[ɑ]
add	odd	mask	mosque
band	bond	map	mop
black	block	pat	pot
cam	calm	rad	rod
can	con	spat	spot
hat	hot	stack	stock

Did you know?

영국 사람들은 black의 [æ]를 '아'로, olive의 [ɑ]를 '오'로 발음합니다. 영국 영어와 미국 영어의 확연한 차이가 여기서 나타납니다.

　　영국　mask '마아스크'　　mosque '모오스크'
　　미국　mask '매아스크'　　mosque '마아스크'

QUIZ 1 음성을 듣고 어떤 단어인지 골라 보세요. 🎧 A4-3

Black vs Olive

1. ☐ add   ☐ odd
2. ☐ band   ☐ bond
3. ☐ black   ☐ block
4. ☐ can   ☐ con
5. ☐ hat   ☐ hot
6. ☐ mask   ☐ mosque
7. ☐ map   ☐ mop
8. ☐ pat   ☐ pot
9. ☐ rad   ☐ rod
10. ☐ spat   ☐ spot

정답 p.276

DRILL 1 비교 연습 / **Red Black Olive**

bend	band	bond
Ed	add	odd
leg	lag	log
n	an	on
pet	pat	pot
wreck	rack	rock
x	axe	ox

QUIZ 2 음성을 듣고 어떤 단어인지 골라 보세요.

[e]	[æ]	[ɑ]
1. bend	band	bond
2. Ed	add	odd
3. leg	lag	log
4. n	an	on
5. pet	pat	pot
6. wreck	rack	rock
7. x	axe	ox

정답 p.276

DRILL 2 집중 연습 / **Olive**

1. h*o*t sp*o*t
2. an *o*dd pr*o*blem
3. I w*a*nt a w*a*llet.
4. m*o*dern *o*pera
5. Sh*o*p till you dr*o*p.

DRILL 3 섞어 연습 / **Red Olive**

best shot   pet shop   red hot peppers
_{red   olive}   _{red   olive}   _{red   olive   red}

DRILL 4 섞어 연습 / **Olive Black**

rock band   bad bond   on and on
_{olive   black}   _{black   olive}   _{olive   black   olive}

DRILL 5 섞어 연습 / **Red Black Olive**

1. bread and olives
   _{red   black   olive}
2. I spent a lot on the land.
   _{red   olive olive   black}
3. Many friends cannot add.
   _{red   red   black   olive black}
4. We're not gathering together on Saturdays anymore.
   _{olive   black   red   olive   black   red}

QUIZ 3 발음 가려내기

다음 중 밑줄 친 부분의 소리(음소)가 나머지와 다른 것을 고르세요.

1. ① <u>o</u>pera　　② <u>o</u>ption　　③ <u>o</u>pen　　④ <u>o</u>perate

2. ① c<u>a</u>lm　　② l<u>aw</u>　　③ rob<u>o</u>t　　④ w<u>a</u>nt

QUIZ 4 받아쓰기   A4-11

1. _____　　6. _____

2. _____　　7. _____

3. _____　　8. _____

4. _____　　9. _____

5. _____　　10. _____

정답 p.276

모음 5강 Plum [ə]

모음 음소

as in what, was, but, of, because

unstressed
비긴장음

사전 발음기호
[ə] [ʌ]

PLUM

A5-1

u	b<u>u</u>t c<u>u</u>t f<u>u</u>nny m<u>u</u>ch s<u>u</u>n
o	d<u>o</u>ne l<u>o</u>ve m<u>o</u>ther <u>o</u>ther s<u>o</u>me am<u>o</u>ng
ou	c<u>ou</u>sin tr<u>ou</u>ble
oo	bl<u>oo</u>d fl<u>oo</u>d
oe	d<u>oe</u>s
a	b<u>a</u>lloon w<u>a</u>s
ue	g<u>ue</u>rilla **ol** Linc<u>o</u>ln

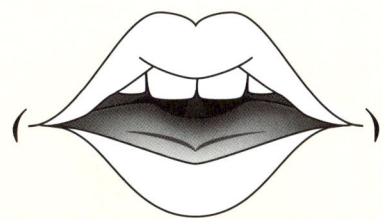

[으]와 [어]의 중간

plum의 모음 소리 [ə]입니다. 많은 사람이 우리말 [어]와 동일하다고 생각하지만, 사실 [으]와 [어]의 중간 소리라고 생각하면 원어민의 발음에 훨씬 더 가까워질 수 있습니다. 힘을 빼는 비긴장모음이죠. 음성학에서는 우리가 흔히 삿갓 발음이라고 알고 있는 [ʌ]를 [ə]와 구분 짓지만, 결국 모두 약음(schwa)이기 때문에 이 두 소리는 미국인에게 큰 차이가 없습니다. 그래서 이 책에서는 쉽게 [ə]로 통일했습니다.

unstressed | *stressed*

[ə]
Plum

[ɑ]
Olive

come | calm

Plum vs Olive

| Minimal Pairs | 연습 |

A5-2

plum 발음은 '으'와 '어'의 중간 소리, olive 발음은 '아아'와 비슷해요.

[ə]	[ɑ]
buddy	body
bum	bomb (=balm)
color	collar
come	calm
cut	cot
hut	hot
luck	lock
nut	not (=knot)
stuck	stock
wonder	wander

QUIZ 1 음성을 듣고 어떤 단어인지 골라 보세요.

Plum vs Olive

1. ☐ buddy ☐ body
2. ☐ bum ☐ bomb (=balm)
3. ☐ color ☐ collar
4. ☐ come ☐ calm
5. ☐ cut ☐ cot
6. ☐ hut ☐ hot
7. ☐ luck ☐ lock
8. ☐ nut ☐ not (=knot)
9. ☐ stuck ☐ stock
10. ☐ wonder ☐ wander

정답 p.277

QUIZ 2 Olive [ɑ], Plum [ə] 발음을 구분해 보세요. A5-4

1. m_o_nkey   [ɑ] [ə]   6. wh_a_t   [ɑ] [ə]
2. st_o_mach   [ɑ] [ə]   7. w_a_nt   [ɑ] [ə]
3. g_o_vernment   [ɑ] [ə]   8. h_o_ney   [ɑ] [ə]
4. c_a_lm   [ɑ] [ə]   9. b_o_dy   [ɑ] [ə]
5. _o_ther   [ɑ] [ə]   10. H_u_ggies   [ɑ] [ə]

정답 p.277

DRILL 1 섞어 연습 / **Olive Plum** A5-5

h_o_t c_u_p
olive plum

h_o_t s_u_mmer
olive plum

n_o_t en_ou_gh
olive plum

p_o_tl_u_ck
olive plum

 섞어 연습 / **Plum Olive** A5-6

c_o_me _o_n
plum   olive

d_ou_ble l_o_ck
plum   olive

s_u_n bl_o_ck
plum   olive

t_ou_gh j_o_b
plum   olive

---

stomach의 발음

stomach은 '스토막'이 아니라 '스뜨맥'에 더 가까워요.

71

DRILL 3 집중 연습 / Plum A5-7

1. My uncle is funny.
2. Love one another.
3. once a month
4. She has another brother.
5. His cousin is in trouble.

DRILL 4 섞어 연습 / What (Plum) & Want (Olive) A5-8

1. Tell me what you want.
2. This is what I want you to do.
3. What do you want?
4. Do you know what I want?

DRILL 5 섞어 연습 / Plum Olive A5-9

1. What does he want?
   plum   plum   olive
2. What mother does not love her son?
   plum   plum   plum   olive plum   plum
3. Not enough sunlight comes.
   olive   plum   plum   plum

QUIZ 3 발음 가려내기 A5-10

다음 중 밑줄 친 부분의 소리(음소)가 나머지와 다른 것을 고르세요.

1. ① m<u>o</u>ther ② <u>o</u>ther ③ br<u>o</u>ther ④ b<u>o</u>ther

2. ① w<u>a</u>nder ② w<u>a</u>lnut ③ w<u>o</u>k ④ w<u>a</u>nt

QUIZ 4 받아쓰기 A5-11

1. _____ 6. _____

2. _____ 7. _____

3. _____ 8. _____

4. _____ 9. _____

5. _____ 10. _____

정답 p.277

똑같이 생긴 단어도 품사에 따라 발음이 달라집니다. A5-12

| próject (n.) | projéct (v.) | cónduct (n.) | condúct (v.) |
| olive red | plum red | olive plum | plum plum |

모음 6강   Strawberry [ɔ]

모음 음소

[ɔ]

as in off, call, cause, thought

stressed
긴장음

사전 발음기호
[ɔ]   [ɔː]   [ô]

STRAWBERRY

A6-1

o	d<u>o</u>g l<u>o</u>st <u>o</u>ffer t<u>o</u>ss
a	c<u>a</u>ll f<u>a</u>ll m<u>a</u>ll s<u>a</u>lt st<u>a</u>ll
al	ch<u>al</u>k t<u>al</u>k st<u>al</u>k w<u>al</u>k
aw	<u>aw</u>esome cl<u>aw</u> j<u>aw</u> l<u>aw</u>n
au	<u>au</u>ction <u>au</u>to c<u>au</u>se f<u>au</u>lt
augh	c<u>augh</u>t n<u>augh</u>ty t<u>augh</u>t
ough	<u>ough</u>t th<u>ough</u>t

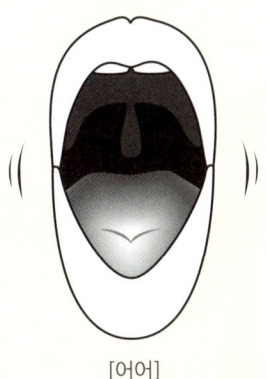

[어어]

strawberry의 모음 소리 [ɔ]입니다. 한글로는 [ɔ], [ə] 소리 모두 '어'로 표기하지만, [ɔ] 소리는 plum의 [ə]보다는 더 뒤쪽에서 소리가 나고 어두운 느낌입니다. 그림처럼 입을 아래위로 길게 만들면서 근육을 움직여 소리를 내는 긴장음입니다.

unstressed	*stressed*
[ə]	[ɔ]
Plum	**Strawberry**
bus	boss

Plum vs Strawberry

| Minimal Pairs | 연습 |

A6-2

plum 발음은 '으'와 '어'의 중간 소리, strawberry 발음은 '어어'와 비슷해요.

[ə]	[ɔ]	[ə]	[ɔ]
but	bought	dug	dog
bus	boss	done	dawn
cut	caught	gun	gone
color	caller	nutty	naughty
cuff	cough	lung	long
crust	crossed	strung	strong

QUIZ 1 음성을 듣고 어떤 단어인지 골라 보세요.

Plum vs Strawberry

1. ☐ but   ☐ bought
2. ☐ bus   ☐ boss
3. ☐ cut   ☐ caught
4. ☐ color   ☐ caller
5. ☐ cuff   ☐ cough
6. ☐ crust   ☐ crossed
7. ☐ dug   ☐ dog
8. ☐ done   ☐ dawn
9. ☐ gun   ☐ gone
10. ☐ nutty   ☐ naughty
11. ☐ lung   ☐ long

정답 p.277

DRILL 1 비교 연습 / **Plum Olive Strawberry**   A6-4

but	bot	bought
color	collar	caller
cut	cot	caught
done	Don	dawn
nut	not	naught
stuck	stock	stalk

QUIZ 2 음성을 듣고 어떤 단어인지 골라 보세요.   A6-5

[ə]	[ɑ]	[ɔ]
1. but	bot	bought
2. color	collar	caller
3. cut	cot	caught
4. done	Don	dawn
5. nut	not	naught
6. stuck	stock	stalk

정답 p.277

DRILL 2 집중 연습 / Strawberry A6-6

1. It's all wrong.

2. I called it off.

3. She talks for a long time.

4. I walked all over the mall.

DRILL 3 섞어 연습 / 여러 가지 모음 소리 A6-7

1. grilled salmon topped with walnuts
   pink   black   olive   pink   strawberry

2. I bought a robot vacuum that can talk.
   strawberry   olive black   black black strawberry

QUIZ 3 Plum [ə], Strawberry [ɔ] 발음을 구분해 보세요. A6-8

1. dog   [ə] [ɔ]   6. all   [ə] [ɔ]
2. color   [ə] [ɔ]   7. off   [ə] [ɔ]
3. boss   [ə] [ɔ]   8. of   [ə] [ɔ]
4. gun   [ə] [ɔ]   9. because [ə] [ɔ]
5. done   [ə] [ɔ]   10. cause   [ə] [ɔ]

정답 p.277

> **QUIZ 4** 발음 가려내기
A6-9

다음 중 밑줄 친 부분의 소리(음소)가 나머지와 다른 것을 고르세요.

1. ① o̱ff   ② a̱ll   ③ o̱f   ④ lo̱ng

2. ① stro̱ng ② cro̱ss   ③ da̱wn ④ co̱llar

> **QUIZ 5** 받아쓰기
A6-10

1. _____   6. _____

2. _____   7. _____

3. _____   8. _____

4. _____   9. _____

5. _____   10. _____

정답 p.277

---

gh의 소리
bou̱gẖt, cau̱gẖt, nau̱gẖty의 gh는 모음 소리 [ɔ]에 포함되지만,
cou̱gẖ, lau̱gẖ, rou̱gẖ, tou̱gẖ, enou̱gẖ의 gh는 자음 소리 [f]입니다.

81

모음 7강　Gold [ow]

모음 음소

[ow]

as in go, no, know

stressed
긴장음

diphthong
이중모음

사전 발음기호
[oʊ] [ō]

GOLD

A7-1

o	h<u>o</u>me n<u>o</u> <u>o</u>pen r<u>o</u>pe f<u>o</u>ld*
oa	f<u>oa</u>m l<u>oa</u>n s<u>oa</u>p
ol	f<u>ol</u>k y<u>ol</u>k St<u>o</u>ckh<u>ol</u>m H<u>ol</u>ms
ow	b<u>ow</u>l gr<u>ow</u> kn<u>ow</u> l<u>ow</u> r<u>ow</u>
oe	g<u>oe</u>s t<u>oe</u>
ou	sh<u>ou</u>lder
ough	d<u>ough</u> th<u>ough</u>

* gold, fold와 같이 [ow] 소리에 [l] 끝소리가 더해지면 '오오'에 더 가까운 소리가 납니다.

모음 7강 [ow]

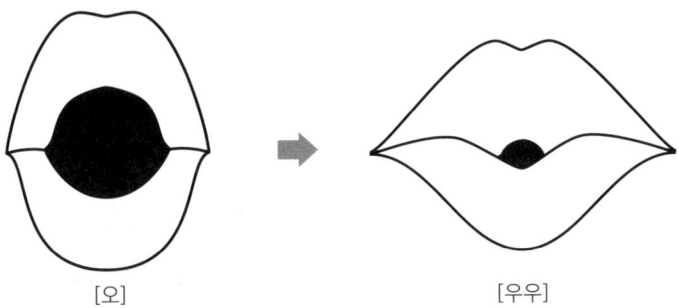

[오] → [우우]

gold의 모음 소리 [ow]입니다. [오]에서 시작해서 blue의 [우우] 하는 입 모양으로 이어지는 이중모음으로, [오우]처럼 발음합니다. 영어에는 단순한 [오] 발음이 없다는 점을 꼭 기억하세요. no조차도 [노]가 아니라 [노우]라고 발음해야 합니다. 많은 사전에서 이 소리를 [oʊ]로 표기하지만, 끝소리가 [ʊ]가 아닌 blue의 [uw] 소리이기 때문에 이 책에서는 [ow]로 표기했습니다.

stressed	*stressed*
[ow] **Gold**	[ɔ] **Strawberry**
coast	cost

Gold vs Strawberry

Minimal Pairs 연습 A7-2

gold 발음은 '오우', **strawberry** 발음은 '어어'와 비슷해요.

[ow]	[ɔ]	[ow]	[ɔ]
boat	bought	loan	lawn
bowl	ball	low	law
close	clause (=claws)	pole	Paul
coal	call	pose	pause (=paws)
coast	cost	sew	saw
coat	caught	woke	walk
hole (=whole)	hall		

> 세 가지 minimal pairs 비교 A7-3
>
> woke   wok   walk
> gold   olive   strawberry
>
> [w] 소리로 시작하는 단어는 항상 먼저 입을 오므리고 [우] 하면서 시작해요. 자음 10강을 참고하세요.

QUIZ 1 음성을 듣고 어떤 단어인지 골라 보세요.
A7-4

Gold vs Strawberry

1. ☐ b<u>oa</u>t   ☐ b<u>ough</u>t
2. ☐ b<u>ow</u>l   ☐ b<u>a</u>ll
3. ☐ cl<u>o</u>se   ☐ cl<u>au</u>se (=cl<u>aw</u>s)
4. ☐ c<u>oa</u>st   ☐ c<u>o</u>st
5. ☐ h<u>o</u>le (=wh<u>o</u>le)   ☐ h<u>a</u>ll
6. ☐ l<u>oa</u>n   ☐ l<u>aw</u>n
7. ☐ l<u>ow</u>   ☐ l<u>aw</u>
8. ☐ p<u>o</u>se   ☐ p<u>au</u>se (=p<u>aw</u>s)
9. ☐ s<u>ew</u>   ☐ s<u>aw</u>
10. ☐ w<u>o</u>ke   ☐ w<u>a</u>lk

정답 p.277

DRILL 1 비교 연습 / **Gold Olive Plum**   A7-5

coat	cot	cut
comb	calm	come
cope	cop	cup
note	not	nut
phoned	fond	fund
robe	rob	rub

QUIZ 2 음성을 듣고 어떤 단어인지 골라 보세요. A7-6

[ow]	[ɑ]	[ə]
1. coat	cot	cut
2. comb	calm	come
3. cope	cop	cup
4. note	not	nut
5. phoned	fond	fund
6. robe	rob	rub

정답 p.277

DRILL 2 집중 연습 / Gold

1. o̲nly jo̲king

2. I suppo̲se so̲.

3. o̲pen and clo̲se

4. A sto̲re o̲w̲ner

5. Do̲n't o̲pen it.

6. Do̲n't go̲ down that ro̲ad.

DRILL 3 섞어 연습 / Gold **Plum** Olive Strawberry

1. The sto̲re is clo̲sed till da̲wn.
      plum gold   gold   strawberry

2. I do̲n't o̲w̲n a lo̲t of sto̲cks or bo̲nds.
     gold   gold plum olive plum olive   gold olive

3. I'm su̲ppo̲sed to fo̲llow u̲ncle To̲m.
      plum gold   olive gold plum   olive

| QUIZ 3 | 발음 가려내기 | A7-9 |

모음 7강 [ow]

다음 중 밑줄 친 부분의 소리(음소)가 나머지와 다른 것을 고르세요.

1. ① c<u>o</u>me   ② d<u>o</u>me   ③ h<u>o</u>me   ④ f<u>oa</u>m

2. ① l<u>o</u>ng   ② cl<u>o</u>ck   ③ s<u>o</u>ggy   ④ s<u>o</u>b

| QUIZ 4 | 받아쓰기 | A7-10 |

1. _____   6. _____

2. _____   7. _____

3. _____   8. _____

4. _____   9. _____

5. _____   10. _____

정답 p.277

Did you know?

olive의 [ɑ]와 strawberry의 [ɔ]는 둘 다 긴장모음입니다. 미국에서는 이 두 음소를 구분 없이 쓰기도 합니다. 다음 단어들은 olive와 strawberry 어떤 발음이든 괜찮습니다.

d<u>o</u>nkey   h<u>o</u>nk   l<u>o</u>g   w<u>a</u>llet   w<u>a</u>nt

이런 단어들은 지역에 따라 선호하는 소리가 있는데요, 미국의 서부 지역에서는 더 밝은 olive의 [ɑ]로 발음하고, 동부로 갈수록 strawberry의 [ɔ]로 발음하는 편입니다.

모음 8강   Lime [ay]   Brown [aw]   Oyster [oy]

모음 음소

[ay]

as in I, my, hi, tie

stressed   *diphthong*
긴장음   이중모음

사전 발음기호
[ɑɪ] [aɪ] [ī]

LIME

 A8-1

i	b<u>i</u>te f<u>i</u>re <u>i</u>ce n<u>i</u>ce wr<u>i</u>te t<u>i</u>me*
y	m<u>y</u> wh<u>y</u> st<u>y</u>le th<u>y</u>me* rh<u>y</u>me t<u>y</u>pe
ie	p<u>ie</u> t<u>ie</u> cr<u>ie</u>s fr<u>ie</u>d
ei	f<u>ei</u>sty h<u>ei</u>st
igh	h<u>igh</u> n<u>igh</u>t s<u>igh</u>t fr<u>igh</u>ten
uy	b<u>uy</u> g<u>uy</u>
ai	<u>ai</u>sle

* time과 thyme은 서로 뜻이 다르지만 같은 소리를 내는 homophone(동음이의어)입니다.

모음 8강 [ay] [aw] [oy]

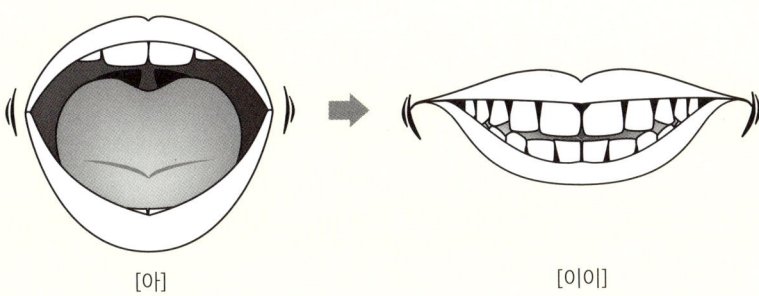

[아] [이이]

lime의 모음 소리 [ay]입니다. [a]에서 시작해서 [iy]로 이어지는 이중모음으로, 우리말의 [아이] 발음과 비슷합니다. 영어에서 '나'를 뜻하는 I가 이 발음이죠. 모든 이중모음은 힘을 주는 긴장음이며, 뒷소리까지 잘 내 줘야 완성됩니다. 이 점을 게을리 하면 빛나는 발음을 만들기 어렵습니다. 이 책에서는 끝의 긴장음을 확실히 나타내기 위해 lime의 음소를 [ay]로 표기했습니다.

모음 음소

[ɑw]

as in cloud, house, town

stressed
긴장음

diphthong
이중모음

사전 발음기호
[aʊ] [ɑʊ] [au] [ou]

BROWN

A8-2

ou	cl<u>ou</u>d fl<u>ou</u>r s<u>ou</u>r th<u>ou</u>sand m<u>ou</u>se s<u>ou</u>th acc<u>ou</u>nt
ow	pl<u>ow</u> cl<u>ow</u>n eyebr<u>ow</u> fr<u>ow</u>n gr<u>ow</u>l p<u>ow</u>er t<u>ow</u>n
ough	dr<u>ough</u>t b<u>ough</u>

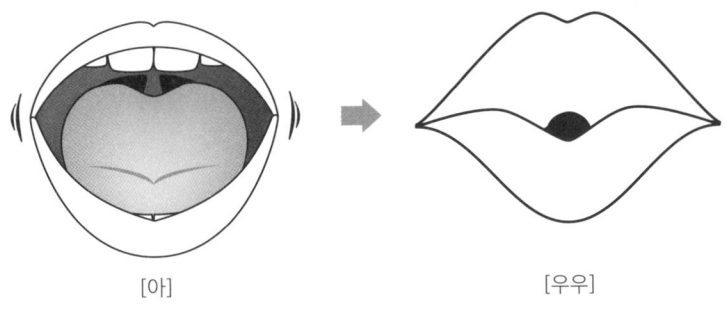

[아] → [우우]

brown의 모음 소리 **[aw]**입니다. olive의 **[a]**로 시작해서 blue의 모음 소리 [우우]로 이어지는 이중모음이며, 긴장음입니다. 우리말의 [아우] 소리와 비슷하다고 생각할 수 있습니다. [우우] 소리까지 처리하는 것 잊지 마세요. **[aʊ]**로 표기하는 사전도 있지만, blue의 모음 음소 **[uw]**로 마무리하기 때문에 이 책에서는 **[aw]**로 표기합니다.

모음 음소

[oy]

as in boy, toy, join

stressed
긴장음

diphthong
이중모음

사전 발음기호
[ɔɪ] [oi]

OYSTER

oy   ann**oy** b**oy** empl**oy**er l**oy**al t**oy**

oi   b**oi**l f**oi**l j**oi**n n**oi**se sp**oi**l turqu**oi**se

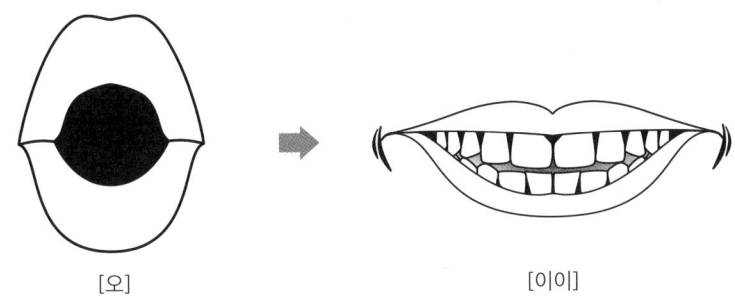

[오]   [이이]

oyster의 모음 소리 **[oy]**입니다. [오] 소리에서 green의 **[iy]** 소리로 이어지는 이중모음이며, 긴장음 **[iy]** 소리로 끝난다는 점을 확실히 하기 위해서 **[oy]**라고 표기했습니다. 영어에는 그냥 [오] 발음이 없다고 말씀드렸죠? gold의 **[ow]**, oyster의 **[oy]** 처럼, [오]가 다른 모음 소리와 합성되어 입체적인 소리로 완성됩니다. 이 발음을 할 때는 입을 오므린 상태에서 시작해야 한다는 점 꼭 기억하세요. '어이'로 잘못 발음하는 경우가 많습니다.

Oyster vs Lime

| Minimal Pairs | 연습 |

A8-4

oyster 발음은 '오이'와 '어이'의 중간 소리, lime 발음은 '아이'와 비슷해요.

[oy]	[ay]	[oy]	[ay]
toy	tie	points	pints
oil	aisle	foil	file
toil	tile	boy	buy (=bye)

Olive vs Brown

| Minimal Pairs | 연습 |

A8-5

olive 발음은 '아아', brown 발음은 '아우'와 비슷해요.

[ɑ]	[aw]	[ɑ]	[aw]
bronze	browns	pond	pound
Don	down	shot	shout
dot	doubt	spot	spout
fond	found		

DRILL 1 집중 연습 / Lime

1. nice and tidy
2. fine dining
3. my right eye
4. a pint of ice cream
5. Rise and shine!
6. I'm excited to buy an island.

DRILL 2 집중 연습 / Brown

1. l<u>ou</u>d sh<u>ou</u>ting
2. r<u>ou</u>nd and r<u>ou</u>nd
3. br<u>ow</u>sing ar<u>ou</u>nd
4. Pron<u>ou</u>nce these words <u>ou</u>t l<u>ou</u>d.

DRILL 3 집중 연습 / Oyster

1. S<u>oi</u>l not <u>oi</u>l! (환경단체 슬로건)
2. b<u>oi</u>ling p<u>oi</u>nt
3. The b<u>oy</u> has an ann<u>oy</u>ing v<u>oi</u>ce.
4. He is l<u>oy</u>al to the r<u>oy</u>al family.

DRILL 4 섞어 연습 / 여러 가지 모음 소리

1. M<u>y</u> h<u>ou</u>se <u>i</u>s <u>i</u>n d<u>ow</u>nt<u>ow</u>n S<u>ea</u>ttl<u>e</u>.
      lime   brown   pink pink   brown   brown   green black
2. I'm br<u>ow</u>s<u>i</u>ng for b<u>a</u>by t<u>oy</u>s.
    lime   brown pink   navy green   oyster
3. Don't t<u>e</u>xt wh<u>i</u>le dr<u>i</u>v<u>i</u>ng.
      gold   red   lime   lime pink
4. H<u>ow</u> d<u>i</u>d the b<u>oy</u>s h<u>i</u>de <u>i</u>t s<u>o</u> w<u>i</u>s<u>e</u>ly?
      brown   pink   oyster   lime   pink   gold   lime   green

QUIZ 1 발음 가려내기

다음 중 밑줄 친 부분의 소리(음소)가 나머지와 다른 것을 고르세요.

1. ① t<u>i</u>dy   ② t<u>i</u>ny   ③ p<u>i</u>nt   ④ t<u>i</u>nt

2. ① b<u>uo</u>yant   ② b<u>uy</u>   ③ <u>oi</u>l   ④ r<u>oy</u>al

3. ① eyebr<u>ow</u>   ② cr<u>ow</u>   ③ c<u>ow</u>   ④ pl<u>ow</u>

QUIZ 2 받아쓰기

1.
2.
3.
4.
5.
6.
7.
8.
9.
10.

정답 p.278

모음 9강 Cookie [ʊ] vs Blue [uw]

모음 음소

as in put, good, could, should, would

unstressed
비긴장음

사전 발음기호
[ʊ] [o͞o]

COOKIE

o	w<u>o</u>man w<u>o</u>lf
u	f<u>u</u>ll p<u>u</u>dding p<u>u</u>ll p<u>u</u>sh p<u>u</u>t
oo	b<u>oo</u>k c<u>oo</u>kie g<u>oo</u>d h<u>oo</u>k l<u>oo</u>k st<u>oo</u>d w<u>oo</u>d w<u>oo</u>l
oul	c<u>oul</u>d sh<u>oul</u>d w<u>oul</u>d

[으어]

cookie의 모음 소리 [ʊ]입니다. 발음기호가 심상치 않죠? 우리말로 굳이 표현하자면 [으], [우]도 아닌 [으어] 소리에 가깝습니다. plum의 [ə] 소리처럼 비긴장모음이며, 입술에 힘을 많이 줄 필요 없이 편하게 [으어] 하고 발음합니다.

모음 음소

[uw]

as in to, do, who, two

stressed
긴장음

사전 발음기호
[u] [u:] [o͞o]

BLUE

u	r<u>u</u>de r<u>u</u>le t<u>u</u>na t<u>u</u>ne
oo	c<u>oo</u>l f<u>oo</u>l sch<u>oo</u>l st<u>oo</u>l
o	d<u>o</u> l<u>o</u>se t<u>o</u>mb wh<u>o</u>
ew	dr<u>ew</u> n<u>ew</u> cr<u>ew</u>
ue	aven<u>ue</u> cl<u>ue</u> d<u>ue</u> tr<u>ue</u>
ui	fr<u>ui</u>t j<u>ui</u>ce recr<u>ui</u>t s<u>ui</u>t
ou	gr<u>ou</u>p ieu l<u>ieu</u>tenant
oe	sh<u>oe</u> wo tw<u>o</u>

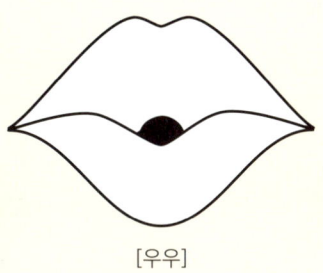

[우우]

blue의 모음 소리 [uw]입니다. 기호는 이중모음 같지만 [우우]처럼 한 소리를 길게 내면 됩니다. 사전에 따라 cookie의 [ʊ]를 [u]로, blue의 [uw]를 [u:]로 표기하는 경우도 있지만, 같은 소리의 장·단의 문제가 아니므로 다르게 표기하는 것에 익숙해지는 것이 좋습니다. [uw]는 입을 바늘구멍처럼 좁게 만들어서 발음하는 긴장음입니다. 생각보다 더 길게 모음 소리 [우]를 두 번 연달아 내듯이 해 보세요.

unstressed	*stressed*
[ʊ]	**[uw]**
Cookie	**Blue**
look	Luke

Cookie vs Blue

| Minimal Pairs | 연습 |

A9-3

cookie 발음은 '으어', blue 발음은 '우우'와 비슷해요.

[ʊ]	[uw]	[ʊ]	[uw]
f<u>u</u>ll	f<u>oo</u>l	sh<u>ou</u>ld	sh<u>oo</u>ed
h<u>oo</u>d	wh<u>o</u>'d	s<u>oo</u>t	s<u>ui</u>t
l<u>oo</u>k	L<u>u</u>ke	st<u>oo</u>d	st<u>ewe</u>d
p<u>u</u>ll	p<u>oo</u>l	w<u>oo</u>d (=w<u>ou</u>ld)	w<u>oo</u>ed

---

blue [uw]의 두 가지 발음

A9-4

하나의 발음기호로 표기되지만 실제 발음은 여러 가지로 나는 경우가 있는데, 이를 allophone(이음)이라고 합니다. blue의 **[uw]**는 allophone으로 [우우]와 [유우] 소리를 가지고 있습니다.

TIP 1. [l, r, θ, ʤ, ʃ, ʧ, z] 소리 다음에 있을 때 - [우우]
　　　incl<u>u</u>de, j<u>ui</u>ce, r<u>u</u>de, z<u>oo</u>m

TIP 2. 첫글자 u가 **[uw]** 발음일 때 / [b, f, g, h, k, m, p, v] 소리 다음에 있을 때 - [유우]
　　　<u>u</u>niversity, h<u>u</u>mor, c<u>u</u>te, arg<u>ue</u>

TIP 3. [d, n, s, t] 소리 다음에 있을 때 - 취향대로 [우우]나 [유우]로 발음
　　　n<u>ew</u>s, red<u>u</u>ce, t<u>u</u>na, c<u>ou</u>pon

QUIZ 1 음성을 듣고 어떤 단어인지 골라 보세요.
A9-5

Cookie vs Blue

1. ☐ f<u>u</u>ll ☐ f<u>oo</u>l
2. ☐ l<u>oo</u>k ☐ L<u>u</u>ke
3. ☐ p<u>u</u>ll ☐ p<u>oo</u>l
4. ☐ sh<u>ou</u>ld ☐ sh<u>oo</u>ed
5. ☐ s<u>oo</u>t ☐ s<u>u</u>it
6. ☐ st<u>oo</u>d ☐ st<u>ew</u>ed
7. ☐ h<u>oo</u>d ☐ wh<u>o</u>'d
8. ☐ w<u>oo</u>d (=w<u>ou</u>ld) ☐ w<u>oo</u>ed

정답 p.278

DRILL 1 비교 연습 / Cookie Plum
A9-6

book	buck
look	luck
put	putt
stood	stud
took	tuck

QUIZ 2 음성을 듣고 어떤 단어인지 골라 보세요.
A9-7

	[ʊ]	[ə]
1.	book	buck
2.	look	luck
3.	put	putt
4.	stood	stud
5.	took	tuck

정답 p.278

DRILL 2 집중 연습 / Cookie

1. g<u>oo</u>d b<u>oo</u>ks
2. s<u>u</u>gar c<u>oo</u>kies
3. p<u>u</u>sh or p<u>u</u>ll
4. He w<u>ou</u>ld be g<u>oo</u>d.
5. If I c<u>ou</u>ld, I w<u>ou</u>ld.
6. P<u>u</u>t the w<u>oo</u>l sweater on.

DRILL 3 집중 연습 / Blue

1. Bl<u>ue</u>'s Cl<u>ue</u>s (어린이 TV프로그램)
2. Y<u>ou</u> have n<u>ew</u> sh<u>oe</u>s.
3. The bl<u>ue</u> s<u>ui</u>t goes with y<u>ou</u>.
4. Ch<u>ew</u> y<u>ou</u>r f<u>oo</u>d.
5. Wh<u>o</u> is in gr<u>ou</u>p tw<u>o</u>?

DRILL 4 섞어 연습 / Cookie Blue

1. G<u>oo</u>d n<u>ew</u>s
     cookie   blue
2. Wh<u>o</u> c<u>ou</u>ld it be?
     blue   cookie
3. I w<u>ou</u>ldn't d<u>o</u> that at sch<u>oo</u>l.
     cookie   blue   blue
4. Gr<u>ou</u>p tw<u>o</u> sh<u>ou</u>ld be at the p<u>oo</u>l.
     blue   blue   cookie   blue
5. P<u>u</u>t the t<u>oo</u>ls on the w<u>oo</u>den st<u>oo</u>l.
     cookie   blue   cookie   blue

| **QUIZ 3** | 발음 가려내기 | A9-11 |

다음 중 밑줄 친 부분의 소리(음소)가 나머지와 다른 것을 고르세요.

1. ① would　　② food　　③ group　　④ fool

2. ① wool　　② push　　③ brook　　④ pool

| **QUIZ 4** | 받아쓰기 | A9-12 |

1. _____　6. _____

2. _____　7. _____

3. _____　8. _____

4. _____　9. _____

5. _____　10. _____

정답 p.278

모음 10강　r로 끝나는 소리

모음 음소

[ɚ]

as in her, bird, were, early

r-controlled vowel

r로 끝나는 소리

사전 발음기호
[ɝr]　[ɜːr]　[ər]

PURPLE

ere	w<u>ere</u>
ir	b<u>ir</u>d c<u>ir</u>cle f<u>ir</u>st
ur	b<u>ur</u>n h<u>ur</u>t t<u>ur</u>n
er	h<u>er</u> s<u>er</u>ve
ear	h<u>ear</u>d <u>ear</u>th <u>ear</u>ly
or	w<u>or</u>d w<u>or</u>k w<u>or</u>m w<u>or</u>se doct<u>or</u> col<u>or</u>
our	c<u>our</u>age j<u>our</u>ney glam<u>our</u>
ar	doll<u>ar</u> sol<u>ar</u> stand<u>ar</u>d
ure	clos<u>ure</u> lect<u>ure</u>

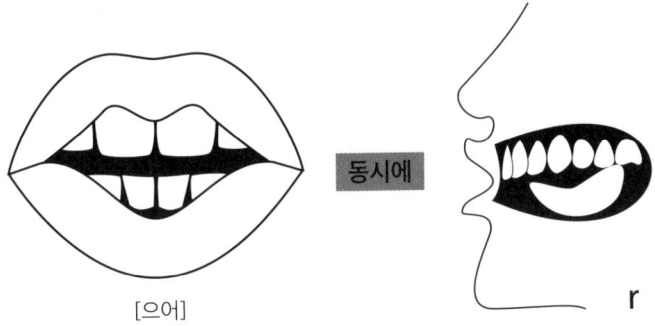

[으어]   동시에   r

영어에는 [r] 소리로 끝나는 단어들이 상당히 많은데요. 이 책에서는 모음에 [r] 끝소리를 더한 소리들을 따로 분류해 놓았습니다. [ər]은 purple의 모음 소리입니다. 입 모양이 아주 특이하죠? 이 발음을 제대로 하는지는 early를 발음해 보면 정확히 진단할 수 있어요. early는 [얼리]와 [을리]의 중간 소리를 내며 콧소리를 섞어서 발음합니다.

모음 음소

[ɪər]

as in ear, here, year

r-controlled vowel

r로 끝나는 소리

사전 발음기호
[ɪr] [ɪər] [ir] [iər]

BEER

eer   **b<u>eer</u> ch<u>eer</u>**

ear   **b<u>ear</u>d cl<u>ear</u> <u>ear</u> g<u>ear</u> sm<u>ear</u>**

         t<u>ear</u> (n. 명사)   **y<u>ear</u>**

ere   **h<u>ere</u> m<u>ere</u> m<u>ere</u>ly**

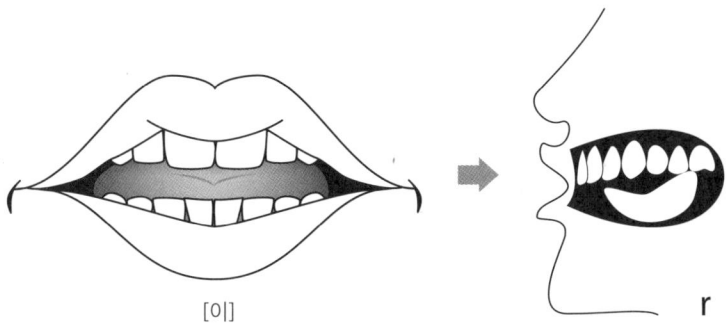

[이]   r

beer의 모음 소리 [ɪər]는 pink와 green의 중간 소리, 즉 우리말 [이]에 [r] 끝소리를 더해서 내는 소리입니다. 영어 단어 ear과 같은 소리이지요. 굳이 힘들게 green [iy] 음소로 시작하지 않아도 됩니다.

모음 음소

[er]

as in there, where

r-controlled vowel
r로 끝나는 소리

사전 발음기호
[er] [eər] [ɛər]

AIR

A10-3

air	c<u>hair</u> <u>hair</u>
are	<u>hare</u> squ<u>are</u>
ear	<u>tear</u> (v. 동사)
eir	<u>heir</u>
ere	t<u>here</u> w<u>here</u>
ayer	l<u>ayer</u> pr<u>ayer</u>
ayor	m<u>ayor</u>

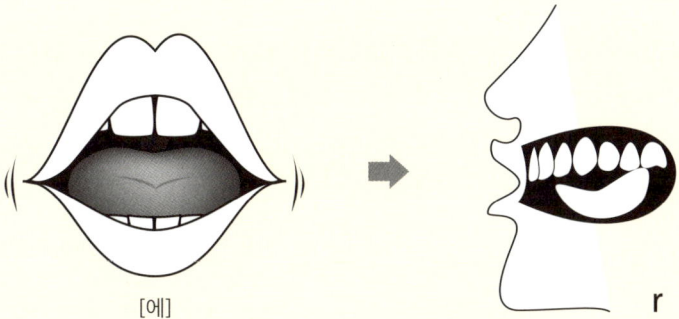

[에] → r

air의 모음 소리 **[er]**입니다. red의 **[e]**에 **[r]** 끝소리를 더한 소리입니다. **[r]** 소리를 먼저 굴리지 마세요. 항상 모음 소리를 먼저 낸 후 **[r]** 소리로 끝을 맺어 줍니다.

모음 음소

[or]

as in for, four, more, war

r-controlled vowel

r로 끝나는 소리

사전 발음기호
[ɔr] [ɔːr] [ôr]

CORN

A10-4

or	**b<u>or</u>n f<u>or</u> sh<u>or</u>t**
ore	**w<u>ore</u> m<u>ore</u> s<u>ore</u>**
ar	**w<u>ar</u>* w<u>ar</u>d w<u>ar</u>m w<u>ar</u>n rew<u>ar</u>d qu<u>ar</u>t qu<u>ar</u>ter qu<u>ar</u>antine**
our	**f<u>our</u> p<u>our</u>**
oor	**fl<u>oor</u> p<u>oor</u>**
oar	**c<u>oar</u>se**

* [w] + [or] 발음은 입을 오므리고 '우오'로 시작해요. war은 '월'이 아니라 '우오얼'과 비슷합니다.
★ for=four, poor=pore=pour. 미국 영어에서는 발음이 같아요.

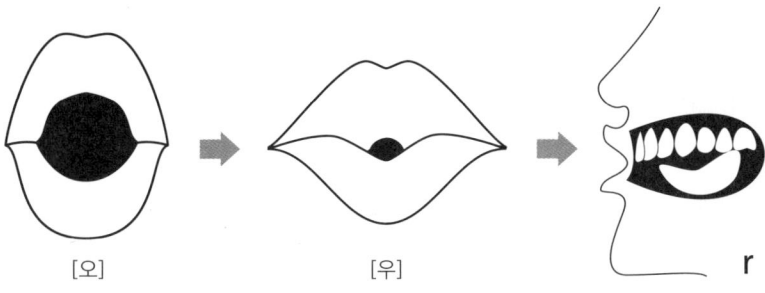

[오]   [우]   r

corn의 모음 소리 **[or]**입니다. 입 모양 그림을 자세히 살펴보면 gold의 **[ow]** 발음에 **[r]** 끝소리가 추가된 소리라는 것을 알 수 있어요. gold의 **[ow]**를 제대로 발음한 후 **[r]**을 굴리면 그야말로 완벽! 이 소리의 발음기호를 **[ɔr]**로 표기하는 사전도 있지만, strawberry의 **[ɔ]** 발음이 아니라 gold의 **[ow]**에서 **[r]**이 이어지는 소리이기 때문에 이 책에서는 **[or]**로 표기했습니다.

모음 음소

[ɑr]

as in are, art, large, heart

r-controlled vowel

r로 끝나는 소리

사전 발음기호
[ɑr] [ɑ:r] [a:r] [är]

TART

are	<u>are</u>
ar	<u>ar</u>m <u>ar</u>t h<u>ar</u>d l<u>ar</u>ge p<u>ar</u>k
ear	h<u>ear</u>t h<u>ear</u>ty
uar	g<u>uar</u>d vang<u>uar</u>d jacq<u>uar</u>d

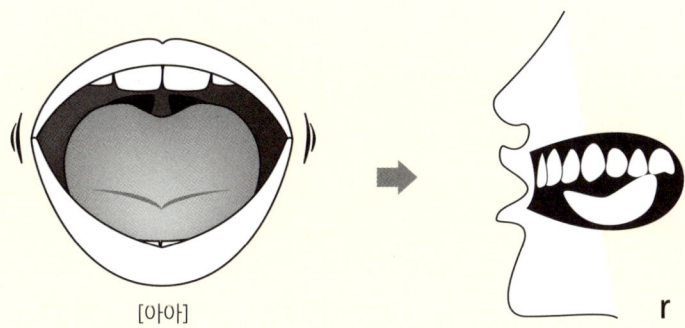

tart의 모음 소리 [ɑr]입니다. olive의 [ɑ] 소리에서 [r]로 이어지는 발음입니다. 첫소리 [ɑ]에서 입을 크게 벌리지 않으면 [ɑr] 발음이 답답하게 들리고, hurt와 heart를 명확하게 구분하기 어렵지요. [ɑ] 소리부터 시원하게 입을 벌려 [아아] 하고 발음한 후 [r] 소리를 굴려 주세요.

모음 음소

[ʊr]

as in *your, yours*

r-controlled vowel
r로 끝나는 소리

사전 발음기호
[ʊr] [o͝or]

TOUR

our	**tour your**
ure	**allure cure pure**

★ tour의 [ur] 발음에는 blue의 [uw] 발음이 들어 있어요. [uw] 발음이 [우우]와 [유우]로 나뉘듯이, [ur] 발음도 tour 할 때의 [우우얼]과 pure 할 때의 [유우얼] 소리로 나뉩니다.

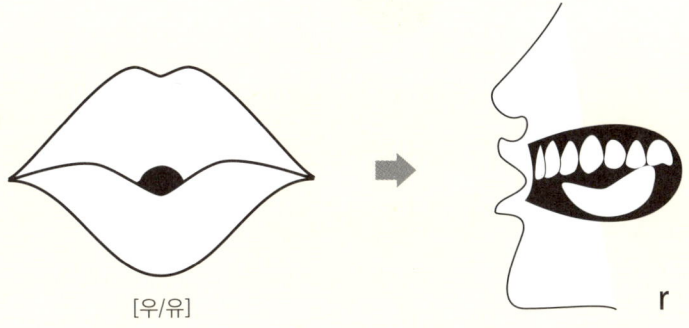

[우/유] r

tour의 모음 소리 [ur]는 blue의 [uw] 소리에서 [r]로 이어지는 발음입니다. [우얼] 하듯이 발음해 보세요. 많은 사전에서 발음기호를 [ʊr]로 표시하지만, 첫소리가 cookie의 [ʊ]가 아니라 blue의 [uw]이기 때문에 이 책에서는 [ur]로 표기했습니다. pure, cure와 같은 단어를 발음할 때는 반모음 [y]가 모음 [uw]와 합쳐지며 [r]로 끝납니다.

모음 음소

as in fire, hire

r-controlled vowel
r로 끝나는 소리

사전 발음기호
[aiər]   [ɑɪər]   [aɪr]   [īər]

FIRE

ire	adm<u>ire</u> att<u>ire</u> h<u>ire</u>d ret<u>ire</u>
yer	dr<u>yer</u> fl<u>yer</u> fr<u>yer</u>
ier	dr<u>ier</u> fl<u>ier</u> h<u>ier</u>archy pl<u>ier</u>s
iar	l<u>iar</u>
oir	ch<u>oir</u>
uyer	b<u>uyer</u>

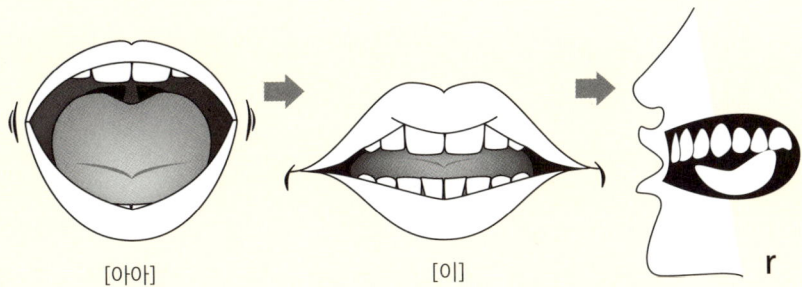

[아아]　　　[이]　　　r

fire의 모음 소리 **[ɑyr]**입니다. lime의 **[ɑy]** 소리로 시작한 뒤 **[r]** 끝소리를 내서 우리말 [아이얼]처럼 발음합니다. 소리는 어렵지 않지만 철자의 조합이 다양하니 주의하세요.

모음 음소

[ɚrl]

as in girl, world

r-controlled vowel
r로 끝나는 소리

사전 발음기호
[ɜrl]　[ɜːrl]　[ərl]　[əːrl]

PEARL

A10-8

rl [ər]+[l]   curl girl pearl whirl twirl world

rl [ɑr]+[l]   Carl* gnarl* snarl*

★ Carl, gnarl, snarl은 tart의 [ɑr]에 [l] 끝소리를 이어서 발음합니다. 함께 연습해 보세요.

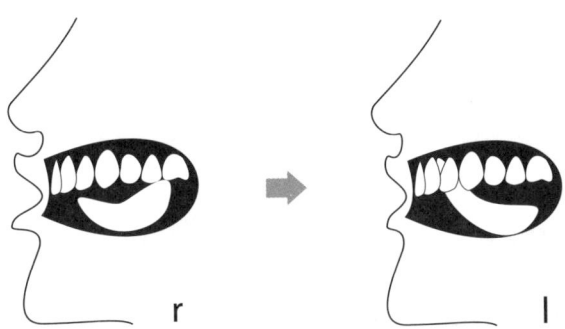

[ərl]은 purple의 [ər] 발음에 [l] 끝소리를 이어주는 소리입니다. [ər] → [l]의 순서로 발음해 보세요. 가장 근접한 한글 표기는 '을어'입니다. [l] 끝소리를 낼 때는 그림처럼 윗니 뒤에 혀를 대거나 편안히 내려 놓습니다. 자음 5강의 [l] 소리에도 정리했지만, 모음 purple [ər] 발음에 [l] 끝소리를 연결하는 것이 어렵게 느껴질 수 있기 때문에 모음 강의에서도 따로 음소로 분류하여 넣었습니다.

DRILL 1 ▶ 비교 연습 / **Plum   Purple**

b<u>u</u>n   b<u>ur</u>n   s<u>u</u>ch   s<u>ear</u>ch

sh<u>u</u>t   sh<u>ir</u>t   t<u>o</u>n   t<u>ur</u>n

DRILL 2 ▶ 집중 연습 / **Purple**

1. <u>Ear</u>ly b<u>ir</u>d catches the w<u>or</u>m.
2. Is it <u>ur</u>gent?
3. It's w<u>or</u>se than the th<u>ir</u>d one.

DRILL 3 ▶ 집중 연습 / **Beer**

1. Ch<u>eer</u> me up.
2. I won't drink b<u>eer</u> this y<u>ear</u>.

DRILL 4 ▶ 집중 연습 / **Air**

1. Th<u>ere</u> is h<u>air</u> on the ch<u>air</u>.
2. a r<u>are</u> <u>affair</u>

DRILL 5   집중 연습 / Corn

1. Boars don't have horns.
2. The war tore it down.

DRILL 6   집중 연습 / Tart

1. I parked my car.
2. Guard your heart.

DRILL 7   집중 연습 / Tour

1. I'll be your tour guide.

DRILL 8   집중 연습 / Fire

1. I admire the choir.
2. The buyer seemed very tired.

DRILL 9   집중 연습 / Pearl

1. The girl has a pearl necklace.
2. all the girls in the world

DRILL 10 섞어 연습 / r-controlled vowels

1. Birds chirp early in the morning.
   (purple) (purple) (purple) (corn)

2. Girls' quartet performed beautifully.
   (pearl) (corn) (purple)(corn)

3. There are thirty squares and forty circles.
   (air) (tart) (purple) (air) (corn) (purple)

4. Stay alert while you're there.
   (purple) (tour) (air)

5. Learn more from your teachers.
   (purple) (corn) (tour) (purple)

6. World War I started in 1914.
   (pearl) (corn) (tart) (corn)

7. We are cheering for your sister.
   (tart) (beer) (corn) (tour) (purple)

8. He is worthy of our praise.
   (purple) (brown+r)

9. Go towards* the northern part of Ireland.
   (corn) (corn) (purple) (tart) (fire)

10. The third and fourth in line are on fire.
    (purple) (corn) (tart) (fire)

* towards는 [tordz] 또는 [twordz], 두 가지로 발음하는 특이한 단어입니다.

QUIZ 1 발음 가려내기

다음 중 밑줄 친 부분의 소리(음소)가 나머지와 다른 것을 고르세요.

1. ① w<u>ar</u>   ② m<u>ore</u>   ③ w<u>or</u>m   ④ w<u>ore</u>

2. ① p<u>our</u>   ② p<u>oor</u>   ③ p<u>ure</u>   ④ p<u>ore</u>

3. ① <u>are</u>   ② g<u>uar</u>d   ③ h<u>ear</u>t   ④ w<u>ar</u>

QUIZ 2 받아쓰기

1.
2.
3.
4.
5.
6.
7.
8.
9.
10.

정답 p.278

Sound Quiz – a

알파벳 a는 black [æ], navy [ey], plum [ə], red [e], olive [ɑ], strawberry [ɔ] 여섯 가지 소리를 가지고 있습니다. 알파벳 a가 가진 모음 소리를 구분해 보세요.

QUIZ 1 밑줄 친 a의 소리로 알맞은 것을 고르세요. 🎧 **A11-1**

1. ape   [æ] [ey] [ə] [e] [ɑ] [ɔ]
2. what   [æ] [ey] [ə] [e] [ɑ] [ɔ]
3. want   [æ] [ey] [ə] [e] [ɑ] [ɔ]
4. above   [æ] [ey] [ə] [e] [ɑ] [ɔ]
5. all   [æ] [ey] [ə] [e] [ɑ] [ɔ]
6. have   [æ] [ey] [ə] [e] [ɑ] [ɔ]
7. rake   [æ] [ey] [ə] [e] [ɑ] [ɔ]
8. many   [æ] [ey] [ə] [e] [ɑ] [ɔ]

QUIZ 2 밑줄 친 a의 소리가 나머지와 다른 것을 고르세요. 🎧 **A11-2**

1. ① cake   ② act   ③ tape   ④ age
2. ① am   ② any   ③ parent   ④ carrot
3. ① have   ② add   ③ as   ④ ate
4. ① wall   ② want   ③ wallet   ④ wander
5. ① already   ② always   ③ alphabet   ④ almost
6. ① any   ② many   ③ anything   ④ animal
7. ① ladder   ② cradle   ③ crate   ④ ladle
8. ① assist   ② allow   ③ alter   ④ what

정답 p.278

Sound Quiz – e

알파벳 e는 red [e], pink [ɪ], green [iy], plum [ə] 네 가지 소리를 가지고 있습니다.
알파벳 e가 가진 모음 소리를 구분해 보세요.

QUIZ 1 밑줄 친 e의 소리로 알맞은 것을 고르세요. 🎧 **A11-3**

1. b<u>e</u>　　　　[e]　　[ɪ]　　[iy]　　[ə]
2. b<u>e</u>t　　　[e]　　[ɪ]　　[iy]　　[ə]
3. r<u>e</u>st　　[e]　　[ɪ]　　[iy]　　[ə]
4. cr<u>e</u>ate　[e]　　[ɪ]　　[iy]　　[ə]
5. pr<u>e</u>tty　[e]　　[ɪ]　　[iy]　　[ə]
6. m<u>e</u>n　　　[e]　　[ɪ]　　[iy]　　[ə]
7. s<u>e</u>cret　[e]　　[ɪ]　　[iy]　　[ə]
8. pr<u>e</u>fer　[e]　　[ɪ]　　[iy]　　[ə]

QUIZ 2 밑줄 친 e의 소리가 나머지와 다른 것을 고르세요. 🎧 **A11-4**

1. ① m<u>e</u>dium　② coll<u>e</u>ge　③ mus<u>e</u>um　④ <u>e</u>ven
2. ① m<u>e</u>me　② fresh<u>me</u>n　③ b<u>e</u>lieve　④ ov<u>e</u>n
3. ① l<u>e</u>vel　② <u>e</u>ducate　③ <u>e</u>scape　④ s<u>e</u>cond
4. ① <u>e</u>xtent　② <u>e</u>xcuse　③ <u>e</u>xercise　④ <u>e</u>xcept
5. ① ov<u>e</u>n　② am<u>e</u>nd　③ <u>e</u>lderly　④ <u>e</u>lm
6. ① <u>e</u>nemy　② n<u>e</u>cessary　③ gun<u>me</u>n　④ <u>e</u>lite
7. ① all<u>e</u>ge　② pr<u>e</u>cede　③ athl<u>e</u>te　④ compl<u>e</u>te
8. ① busin<u>e</u>ss　② wom<u>e</u>n　③ <u>e</u>ternal　④ wh<u>e</u>n

정답 p.278

Sound Quiz – i

알파벳 i는 lime [ay], pink [ɪ], green [iy] 세 가지 소리를 가지고 있습니다.
알파벳 i가 가진 모음 소리를 구분해 보세요.

QUIZ 1 밑줄 친 i의 소리로 알맞은 것을 고르세요. 🎧 A11-5

1. b<u>i</u>t　　　　[ay]　　　[ɪ]　　　[iy]
2. b<u>i</u>te　　　[ay]　　　[ɪ]　　　[iy]
3. r<u>i</u>p　　　　[ay]　　　[ɪ]　　　[iy]
4. r<u>i</u>pe　　　[ay]　　　[ɪ]　　　[iy]
5. p<u>i</u>tty　　　[ay]　　　[ɪ]　　　[iy]
6. p<u>i</u>zza　　　[ay]　　　[ɪ]　　　[iy]
7. ch<u>i</u>me　　　[ay]　　　[ɪ]　　　[iy]
8. pr<u>i</u>nce　　[ay]　　　[ɪ]　　　[iy]

QUIZ 2 밑줄 친 i의 소리가 나머지와 다른 것을 고르세요. 🎧 A11-6

1. ① log<u>i</u>c　　② s<u>i</u>ck　　③ <u>i</u>ce　　④ see<u>i</u>ng
2. ① mater<u>i</u>al　② sk<u>i</u>　　③ len<u>i</u>ent　④ <u>i</u>ndustry
3. ① med<u>i</u>cal　② med<u>i</u>um　③ m<u>i</u>ster　④ m<u>i</u>sses
4. ① mar<u>i</u>ne　② v<u>i</u>ne　　③ sh<u>i</u>ne　④ p<u>i</u>nt
5. ① qu<u>i</u>z　　② qu<u>i</u>t　　③ qu<u>i</u>te　④ qu<u>i</u>lt
6. ① el<u>i</u>te　　② appet<u>i</u>te　③ desp<u>i</u>te　④ pol<u>i</u>te
7. ① <u>i</u>tem　　② s<u>i</u>te　　③ t<u>i</u>de　　④ s<u>i</u>tuate
8. ① <u>i</u>gloo　　② <u>i</u>solate　③ <u>i</u>deal　④ <u>i</u>dentify

정답 p.279

Sound Quiz – o

알파벳 o는 gold [ow], olive [ɑ], plum [ə], strawberry [ɔ], blue [uw] 다섯 가지 소리를 가지고 있습니다. 알파벳 o가 가진 모음 소리를 구분해 보세요.

QUIZ 1 밑줄 친 o의 소리로 알맞은 것을 고르세요. 🎧 **A11-7**

1. s<u>o</u>ng   [ow]   [ɑ]   [ə]   [ɔ]   [uw]
2. l<u>o</u>t   [ow]   [ɑ]   [ə]   [ɔ]   [uw]
3. g<u>o</u>ne   [ow]   [ɑ]   [ə]   [ɔ]   [uw]
4. t<u>o</u>ne   [ow]   [ɑ]   [ə]   [ɔ]   [uw]
5. t<u>o</u>ngue   [ow]   [ɑ]   [ə]   [ɔ]   [uw]
6. wh<u>o</u>   [ow]   [ɑ]   [ə]   [ɔ]   [uw]
7. t<u>o</u>mb   [ow]   [ɑ]   [ə]   [ɔ]   [uw]
8. j<u>o</u>ke   [ow]   [ɑ]   [ə]   [ɔ]   [uw]

QUIZ 2 밑줄 친 o의 소리가 나머지와 다른 것을 고르세요. 🎧 **A11-8**

1. ① fr<u>o</u>g   ② l<u>o</u>st   ③ h<u>o</u>st   ④ l<u>o</u>ng
2. ① n<u>o</u>vice   ② n<u>o</u>tice   ③ n<u>o</u>se   ④ n<u>o</u>sy
3. ① m<u>o</u>ther   ② m<u>o</u>m   ③ m<u>o</u>nkey   ④ comm<u>o</u>n
4. ① r<u>o</u>d   ② r<u>o</u>ll   ③ t<u>o</u>ne   ④ al<u>o</u>ne
5. ① d<u>o</u>   ② wh<u>o</u>se   ③ h<u>o</u>se   ④ t<u>o</u>
6. ① el<u>o</u>pe   ② p<u>o</u>pe   ③ <u>o</u>pen   ④ gall<u>o</u>p
7. ① ab<u>o</u>ve   ② d<u>o</u>ve   ③ l<u>o</u>ve   ④ c<u>o</u>ve
8. ① p<u>o</u>nd   ② <u>o</u>nly   ③ up<u>o</u>n   ④ <u>o</u>n

정답 p.279

Sound Quiz – u

알파벳 u는 plum [ə], cookie [ʊ], blue의 [uw]와 [yuw]까지 네 가지 소리를 가지고 있습니다.

QUIZ 1 밑줄 친 u의 소리로 알맞은 것을 고르세요. 🎧 **A11-9**

1. b<u>u</u>t [ə] [ʊ] [uw] [yuw]
2. l<u>u</u>nar [ə] [ʊ] [uw] [yuw]
3. <u>u</u>mbrella [ə] [ʊ] [uw] [yuw]
4. b<u>u</u>ll [ə] [ʊ] [uw] [yuw]
5. <u>u</u>nit [ə] [ʊ] [uw] [yuw]
6. incl<u>u</u>de [ə] [ʊ] [uw] [yuw]
7. <u>U</u>ruguay [ə] [ʊ] [uw] [yuw]
8. <u>u</u>gly [ə] [ʊ] [uw] [yuw]

QUIZ 2 밑줄 친 u의 소리가 나머지와 다른 것을 고르세요. 🎧 **A11-10**

1. ① <u>u</u>nique   ② <u>u</u>ltra   ③ m<u>u</u>lti   ④ g<u>u</u>mmy
2. ① m<u>u</u>nch   ② n<u>u</u>n   ③ n<u>u</u>trition   ④ n<u>u</u>mb
3. ① d<u>u</u>mb   ② d<u>u</u>ne   ③ l<u>u</u>natic   ④ n<u>u</u>clear
4. ① <u>u</u>ntil   ② <u>u</u>nit   ③ <u>u</u>niverse   ④ <u>u</u>nison
5. ① s<u>u</u>n   ② s<u>u</u>mmate   ③ s<u>u</u>preme   ④ s<u>u</u>ppress
6. ① ill<u>u</u>strate   ② ill<u>u</u>minate   ③ dil<u>u</u>te   ④ fl<u>u</u>te
7. ① t<u>u</u>lle   ② enth<u>u</u>se   ③ inf<u>u</u>se   ④ obt<u>u</u>se
8. ① b<u>u</u>ll   ② d<u>u</u>ll   ③ p<u>u</u>ll   ④ p<u>u</u>sh

정답 p.279

모음 총정리 Quiz

모음 1강 밑줄 친 부분의 소리가 나머지와 다른 것을 고르세요. 🎧 A12-1

1. ① l<u>i</u>st　② cl<u>ea</u>n　③ L<u>i</u>sa　④ l<u>ea</u>n
2. ① th<u>i</u>ng　② r<u>ai</u>ny　③ edit<u>e</u>d　④ wait<u>e</u>d
3. ① l<u>i</u>tter　② l<u>i</u>t　③ l<u>i</u>ter　④ <u>i</u>nn
4. ① cook<u>ie</u>s　② sk<u>ie</u>s　③ prett<u>ie</u>st　④ sk<u>i</u>s

모음 2강 밑줄 친 부분의 소리가 나머지와 다른 것을 고르세요. 🎧 A12-2

1. ① pl<u>ai</u>d　② gr<u>ai</u>n　③ m<u>ai</u>d　④ pl<u>ai</u>n
2. ① b<u>ai</u>l　② b<u>e</u>ll　③ b<u>a</u>te　④ d<u>ay</u>
3. ① ob<u>ey</u>　② st<u>ea</u>k　③ w<u>ei</u>gh　④ s<u>ay</u>s
4. ① ag<u>ai</u>n　② m<u>ea</u>nt　③ r<u>ai</u>se　④ b<u>u</u>ry

모음 3강 밑줄 친 부분의 소리가 나머지와 다른 것을 고르세요. 🎧 A12-3

1. ① <u>a</u>te　② <u>a</u>m　③ s<u>a</u>lve　④ <u>a</u>sk
2. ① b<u>e</u>d　② <u>a</u>ny　③ sn<u>a</u>p　④ l<u>e</u>opard
3. ① s<u>a</u>lmon　② l<u>au</u>gh　③ h<u>a</u>s　④ p<u>a</u>rent
4. ① v<u>a</u>st　② c<u>a</u>rrot　③ h<u>a</u>ve　④ <u>a</u>nswer

모음 4강 밑줄 친 부분의 소리가 나머지와 다른 것을 고르세요. 🎧 A12-4

1. ① w<u>a</u>nt　② w<u>a</u>llet　③ <u>o</u>live　④ g<u>a</u>ther
2. ① kn<u>o</u>t　② m<u>o</u>ther　③ m<u>o</u>m　④ <u>o</u>ption
3. ① <u>o</u>ven　② <u>o</u>nward　③ cann<u>o</u>t　④ <u>o</u>n
4. ① cl<u>o</u>ck　② c<u>o</u>ncert　③ c<u>o</u>ntain　④ <u>i</u>con

모음 총정리 Quiz

모음 5강 밑줄 친 부분의 소리가 나머지와 다른 것을 고르세요. 🎧 A12-5

1. ① fr<u>o</u>th　② m<u>o</u>th　③ br<u>o</u>ther　④ cl<u>o</u>th
2. ① <u>o</u>nce　② <u>o</u>n　③ h<u>o</u>g　④ l<u>o</u>bster
3. ① d<u>o</u>ve　② l<u>o</u>ve　③ ab<u>o</u>ve　④ c<u>o</u>ve
4. ① <u>o</u>ther　② m<u>o</u>nster　③ s<u>o</u>me　④ am<u>o</u>ng

모음 6강 밑줄 친 부분의 소리가 나머지와 다른 것을 고르세요. 🎧 A12-6

1. ① c<u>au</u>ght　② t<u>ou</u>gh　③ c<u>ou</u>gh　④ tr<u>ou</u>gh
2. ① th<u>ou</u>ght　② th<u>ou</u>gh　③ c<u>au</u>se　④ f<u>au</u>lt
3. ① <u>awe</u>some　② <u>o</u>ffer　③ T<u>au</u>rus　④ t<u>au</u>ght
4. ① h<u>a</u>lf　② w<u>a</u>lk　③ t<u>a</u>lk　④ s<u>a</u>lt

모음 7강 밑줄 친 부분의 소리가 나머지와 다른 것을 고르세요. 🎧 A12-7

1. ① s<u>o</u>lve　② r<u>o</u>ll　③ c<u>a</u>ll　④ l<u>o</u>ft
2. ① cl<u>o</u>ver　② t<u>o</u>ne　③ al<u>o</u>ne　④ d<u>o</u>ne
3. ① w<u>a</u>nd　② j<u>o</u>ke　③ r<u>o</u>cket　④ kn<u>o</u>t
4. ① l<u>aw</u>　② s<u>oa</u>k　③ b<u>ow</u>l　④ sh<u>ou</u>lder

모음 8강 밑줄 친 부분의 소리가 나머지와 다른 것을 고르세요. 🎧 A12-8

1. ① br<u>ow</u>　② cr<u>ow</u>　③ c<u>ow</u>　④ fl<u>ou</u>r
2. ① fr<u>ie</u>d　② p<u>ie</u>s　③ s<u>igh</u>t　④ fr<u>ie</u>nd
3. ① gr<u>ow</u>l　② cr<u>aw</u>l　③ fr<u>ow</u>n　④ <u>ou</u>nce
4. ① th<u>y</u>me　② s<u>ig</u>n　③ st<u>y</u>le　④ rh<u>y</u>thm

모음 총정리 Quiz

모음 9강 밑줄 친 부분의 소리가 나머지와 다른 것을 고르세요. 🎧 **A12-9**

1. ① c<u>oo</u>l   ② sh<u>oo</u>k   ③ c<u>ou</u>ld   ④ p<u>u</u>ll
2. ① <u>u</u>nique   ② <u>u</u>gly   ③ <u>u</u>mbrella   ④ <u>u</u>ltimate
3. ① g<u>oo</u>d   ② b<u>oo</u>k   ③ f<u>oo</u>l   ④ f<u>u</u>ll
4. ① d<u>ue</u>   ② p<u>oe</u>t   ③ cr<u>ue</u>l   ④ sh<u>oe</u>

모음 10강 밑줄 친 부분의 소리가 나머지와 다른 것을 고르세요. 🎧 **A12-10**

1. ① g<u>ear</u>   ② ch<u>eer</u>   ③ m<u>ere</u>   ④ <u>air</u>
2. ① w<u>or</u>th   ② w<u>ore</u>   ③ w<u>or</u>d   ④ w<u>ere</u>
3. ① p<u>our</u>   ② c<u>our</u>age   ③ f<u>or</u>   ④ f<u>our</u>
4. ① c<u>ore</u>   ② c<u>our</u>se   ③ c<u>oar</u>se   ④ t<u>our</u>

정답 p.279

수고하셨습니다.
이제 자음 강의로 한 걸음 더 나아가 보세요!

저자가 직접 녹음한 음성 자료와 함께 학습하세요.

PART 3

빛나는 영어 발음
자음 소리

자음 기본 소리 알기

자음 글자는 a, e, i, o, u를 제외한 나머지 21개의 알파벳 글자를 말합니다. 하지만 자음에서도 소리는 24개로 늘어납니다. 모음만큼 차이가 심하지는 않아 다행이죠? [ ] 괄호 안에는 국제 음성 기호 IPA(International Phonetic Alphabet)가 있습니다. 알파벳이 아니라 발음기호입니다. 발음기호를 알파벳처럼 읽지 마세요.

자음 소리는 단어 안에서의 위치에 따라 소리가 달라집니다. 하나의 음소로 표기하면서 실제로는 여러 가지로 나타나는 발음을 이음(allophone)이라고 하는데, 이 현상은 미국 영어에서 특히 많이 볼 수 있습니다. 이음이 생기는 경우를 법칙처럼 익혀 두면 자연스러운 발음을 습득하는 데 도움이 됩니다.

자음 소리는 아래와 같이 크게 세 가지 방법으로 분류합니다.

1 울림의 여부로 분류
무성음 (voiceless, unvoiced)
유성음 (voiced)

2 소리가 만들어지는 위치로 분류
입술 (bilabial)
윗니 (dental)
윗니 바로 뒤의 잇몸 (alveolar)
중앙의 센 입천장 (palatal)
뒤쪽의 여린 입천장 (velar)
성문 (glottal)

3 소리 내는 방법으로 분류
차단, 멈춤 (stop)
마찰 (fricative)
흐름 (liquid)
이어짐 (glide)
콧소리 (nasal)

	무성음 unvoiced	유성음 voiced	반모음 semivowel	비음 nasal	주로 사용되는 알파벳
1강	[p]				p
		[b]			b
2강	[t]				t
		[d]			d
3강	[k]				c, ch, k, qu
		[g]			g
4강	[f]				f, ph
		[v]			v
5강		[l]			l
		[r]			r
6강	[θ]				th
		[ð]			th
7강	[s]				s, c
		[z]			z
8강	[ʃ]				s, sh, ti
		[ʒ]			g
9강	[tʃ]				ch, t
		[dʒ]			d, j
10강			[y]		y
	[h]				h, wh
			[w]		w, wh
				[m]	m, mm
				[n]	n, nn
				[ŋ]	ng, ngue, nk

원어민 발음은 특정 집단의 것이 아니에요. 영어의 기본 소리를 체계적으로 배운다면 누구나 습득할 수 있어요. 원래 그랬답니다.

자음 1강 [p] vs [b]

자음 음소

성대가 울리지 않는 무성음
unvoiced/voiceless

[p] unvoiced bilabial stop plosive
울림 없는 입술 멈춤소리

as in pie

---

pie의 자음 소리 [p]입니다. 우리말의 'ㅍ' 소리처럼 입술을 맞부딪혀 내는 바람소리입니다. [p] 소리는 언제나 동일한 발음기호 [p]로 나타내지만, 단어 안에서의 위치에 따라 소리가 달라집니다. 첫소리 [p]는 [프] 하는 바람소리 그대로, 강세를 받지 않는 중간 소리 [p]는 [쁘] 된소리로, 끝소리 [p]는 호흡을 멈추듯 [읖] 하며 파열음으로 발음합니다. 아래 문장에서 위치에 따라 [p] 소리가 어떻게 다르게 들리는지 확인해 보세요.

[p] 소리를 문장으로 연습해요.

1. Peter Piper picked a peck of pickled peppers.
2. If Peter Piper picked a peck of pickled peppers, how many pickled peppers did Peter Piper pick?

[p] 소리를 철자로 분류

p   p̲eck p̲ig p̲ool mop̲ stop̲

pp   ap̲p̲le

Beginning [p]

p̲ack p̲at p̲each p̲et p̲ie p̲ig p̲ill

Middle [p]

amp̲le ap̲p̲le simp̲le

Final [p]

cap̲ mop̲ lap̲ rop̲e rip̲ tap̲

자음 음소

성대가 울리는 유성음
voiced

[b] voiced bilabial stop plosive
울림 있는 입술 멈춤소리

as in bye

---

bye의 자음 소리 [b]입니다. 우리말의 'ㅂ' 소리와 비슷하지만, [으브] 하듯이 더 깊게 울리는 소리입니다. 입술을 맞부딪히면서 성대를 울려서 [브] 하고 소리를 냅니다. [p]와 입 모양이 같은 바람소리이지만, [b]는 성대가 울린다는 점이 다르지요. [b]는 첫소리, 중간 소리, 끝소리의 소리가 모두 같습니다. 끝소리 [b]를 발음할 때는 음절을 더해서 일부러 [브]라고 발음하는 것이 아니라 'ㅂ' 받침처럼 가볍게 입술을 붙였다 떼며 마무리합니다.

[b] 소리를 문장으로 연습해요.
B1-4

1. I bought a bib and a bottle for Bob's baby.
2. Say good-bye to the big balloons.

🎧 B1-5

[b] 소리를 철자로 분류

b   bee_p_ _b_i_b_ _b_ig mar_b_le sta_b_

bb   A_bb_y bo_bb_y sta_bb_ed

🎧 B1-6

Beginning [b]

_b_ack _b_at _b_each _b_et _b_ig _b_ill _b_ye

Middle [b]

a_b_le mar_b_le sym_b_ol ta_b_le lo_bb_y

Final [b]

ca_b_ la_b_ mo_b_ ri_b_ ro_b_e ta_b_

[p] vs [b]

unvoiced / 무성음   voiced / 유성음

B1-7

Minimal Pairs 비교

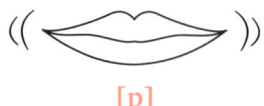
[p]

[b]

첫소리 비교

pack   back
모음 소리 : black

pat   bat
모음 소리 : black

peach   beach
모음 소리 : green

pet   bet
모음 소리 : red

pie   bye
모음 소리 : lime

pig   big
모음 소리 : pink

pill   bill
모음 소리 : pink

중간 소리 비교

mopping   mobbing
모음 소리 : olive – pink

ripping   ribbing
모음 소리 : pink – pink

simple   symbol
모음 소리 : pink – plum

끝소리 비교

cap   cab
모음 소리 : black

mop   mob
모음 소리 : olive

lap   lab
모음 소리 : black

rip   rib
모음 소리 : pink

rope   robe
모음 소리 : gold

tap   tab
모음 소리 : black

---

[p]와 [b] 외에는 모두 동일한 조건입니다.
이때 끝소리가 무성음일 때는 짧게 끊어 주고, 유성음일 때는 길게 늘어뜨려요.
cap - cab 둘 중 cab이 더 길게 발음됩니다.

QUIZ 1 [p], [b] 소리를 문장에서 구분해 보세요.   **B1-8**

1. I think it's a picture of a **pet**.
   I think it's a picture of a **bet**.

2. It smells like **peach**.
   It smells like **beach**.

3. I had a **pill** in my wallet.
   I had a **bill** in my wallet.

4. Go get a **rope**!
   Go get a **robe**!

5. I saw the **mops**.
   I saw the **mobs**.

정답 p.280

된소리(경음) 알기

우리말에 바람소리 'ㅍ, ㅌ, ㅋ'과 짝을 이루는 된소리 'ㅃ, ㄸ, ㄲ'가 있듯이, 영어에도 바람소리와 짝을 이루는 된소리가 있습니다. 우리말은 바람소리와 된소리를 나타내는 글자가 각각 따로 있지만, 영어는 하나의 알파벳에서 본래의 바람소리가 날 때도 있고 된소리가 날 때도 있습니다. 그렇기 때문에 어떤 조건에서 된소리가 되는지 아는 것이 중요합니다. 영어의 된소리는 **[p]**, **[t]**, **[k]**에만 있습니다. 우리말의 'ㅃ, ㄸ, ㄲ'에 해당하지요.

[p]의 된소리 [ㅃ]

[p]는 특정한 경우에 된소리로 발음됩니다.
아래 표시한 ①~④ 중에 된소리가 나는 것은 무엇일까요?

purpose   propose
① ②   ③ ④

정답은 ②번입니다. [프]가 아닌 된소리 [쁘]로 발음되지요. 그렇다면 어떤 조건에서 **[p]** 된소리가 되는 것일까요? 음성 자료를 들으며 아래 조건을 확인해 보세요.

[p] 된소리의 조건

1. 단어의 중간 소리가 [p]이고, [p]가 있는 음절에 강세가 없을 때 🎧 **B1-9**

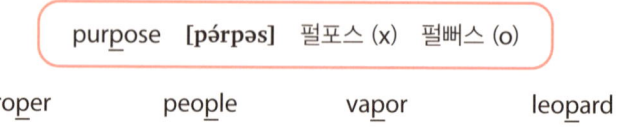

proper   people   vapor   leopard

2. [sp] [스쁘] - [p] 앞에 [s] 소리가 있을 때 🎧 **B1-10**

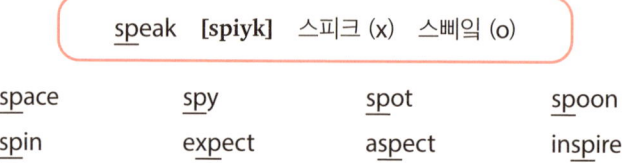

| space | spy | spot | spoon |
| spin | expect | aspect | inspire |

TIP 1 단어 끝의 **[p]**는 진행형에서 된소리로 변해요. B1-11

단어에 따라 -ing 앞에 p가 하나 더 추가되기도 합니다. 이때 -ping, -pping은 같은 소리가 납니다. p가 두 개 있어서 된소리가 나는 것이 아닙니다.

loo**p**	loo**p**ing
slo**p**e	slo**p**ing
ta**p**e	ta**p**ing
mo**p**	mo**pp**ing
sto**p**	sto**pp**ing

TIP 2 단어 끝의 **[b]**는 진행형에서도 발음 변화가 없어요. B1-12

단어에 따라 -ing 앞에 b가 하나 더 추가되기도 합니다.

cu**b**e	cu**b**ing
descri**b**e	descri**b**ing
ru**b**	ru**bb**ing
sta**b**	sta**bb**ing
so**b**	so**bb**ing

-bing, -bbing는 같은 소리가 납니다. b가 두 개라고 해서 **[b]**를 된소리나 'ㅂ' 받침으로 잘못 발음하지 않도록 주의하세요. **[b]**에서는 된소리가 나지 않습니다. 영어의 된소리는 **[p]**, **[t]**, **[k]**에만 있어요.

TIP 3 [p]로 끝나는 단어의 -ed 과거형은 [pt]로 발음해요.

단어에 따라 -ed 앞에 p가 하나 더 추가되기도 합니다. 그래도 발음은 동일해요.

stop [stɑp] ⋯▶ stopped [stɑpt]

tape [teyp] ⋯▶ taped [teypt]

TIP 4 [b]로 끝나는 단어의 -ed 과거형은 [bd]로 발음해요.

단어에 따라 -ed 앞에 b가 하나 더 추가되기도 합니다. 그래도 발음은 동일해요.

rub [rəb] ⋯▶ rubbed [rəbd]

cube [kyuwb] ⋯▶ cubed [kyuwbd]

QUIZ 2 잘 듣고 빈칸에 하나 또는 두 개의 철자를 넣어 과거형을 만들어 보세요.

1. stab ⋯▶ sta__ed
2. cap ⋯▶ ca__ed
3. peep ⋯▶ pee__ed
4. robe ⋯▶ ro__ed
5. ship ⋯▶ shi__ed
6. sob ⋯▶ so__ed
7. hype ⋯▶ hy__ed
8. group ⋯▶ grou__ed
9. tube ⋯▶ tu__ed
10. clasp ⋯▶ clas__ed

정답 p.280

QUIZ 3 받아쓰기 🎧 B1-16

1. _____   6. _____

2. _____   7. _____

3. _____   8. _____

4. _____   9. _____

5. _____   10. _____

정답 p.280

---

comb, bomb의 과거형, 진행형 🎧 B1-17
comb, bomb은 원래 b가 묵음인 단어입니다.
그래서 과거형, 진행형 모두 [b] 소리 없이 발음해요.

　　　combed [kowmd]　　combing [kowmɪŋ]
　　　bombed [bamd]　　bombing [bamɪŋ]

자음 2강   [t] vs [d]

자음 음소

성대가 울리지 않는 무성음
unvoiced / voiceless

[t] unvoiced alveolar stop plosive
울림 없는 혀끝 잇몸 멈춤소리

as in to

---

to의 자음 소리 [t]입니다. 첫소리 [t]는 윗니 뒤에 살짝 혀를 대면서 [트] 하듯 찰 때 나는 바람소리입니다. 손바닥을 입 앞에 대고 발음해 보세요. 바람이 느껴지나요? 중간 소리 [t]는 조건에 따라 그대로 [t]로 발음하기도 하고, 모음 사이에 있을 경우 약음이 되어 우리말의 'ㄹ'과 같은 소리가 나기도 합니다. 끝소리 [t]는 파열음으로 호흡을 멈추듯 끊어 줍니다.

[t] 소리를 문장으로 연습해요.

B2-1

1. Tiny Tim goes to town.
2. Pay attention to time.

🎧 B2-2

[t] 소리를 철자로 분류

t   ea<u>t</u>ing lo<u>t</u> <u>t</u>es<u>t</u> <u>t</u>iger <u>t</u>iny s<u>t</u>ay

tt   a<u>tt</u>end a<u>tt</u>ic a<u>tt</u>ire a<u>tt</u>itude pu<u>tt</u>ing

th   <u>th</u>yme <u>Th</u>ai <u>Th</u>omas Es<u>th</u>er

🎧 B2-3

Beginning [t]

<u>t</u>ear <u>t</u>ie <u>t</u>ime <u>t</u>o <u>t</u>own

Middle [t]

a<u>tt</u>end pi<u>tt</u>ed quar<u>t</u>er <u>t</u>ur<u>t</u>le

Final [t]

a<u>t</u>e ba<u>t</u> crea<u>t</u>e ma<u>t</u> tha<u>t</u>

153

자음 음소

성대가 울리는 유성음
voiced

[d] voiced alveolar stop plosive
울림 있는 혀끝 잇몸 멈춤소리

as in do

do의 자음 소리 [d]입니다. 입 모양은 [t]와 같지만, [d]는 성대를 울리는 유성음입니다. 첫소리 [d]와 끝소리 [d]는 우리말 'ㄷ' 소리가 아닌 혀를 넓게 차는 소리입니다. 어렵다면 'ㅈ' 소리를 섞어서 해 보세요. day는 [데이]와 [제이]의 중간 소리, down은 [다운]과 [자운]의 중간 소리라고 보면 됩니다. 강세를 받지 않는 [d]가 모음 사이에 끼어 있을 때는 약음화 현상으로 우리말의 'ㄹ'과 같은 소리가 납니다.

[d] 소리를 문장으로 연습해요.

B2-4

1. Dear diary, today is my birthday.
2. I need to add more sugar in the pudding.

[d] 소리를 철자로 분류

d   be<u>d</u> <u>d</u>ay <u>d</u>o <u>d</u>own nee<u>d</u>

dd   a<u>dd</u> cu<u>dd</u>le pu<u>dd</u>ing

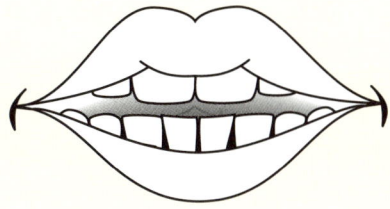

Beginning [d]

<u>d</u>ear <u>d</u>ie <u>d</u>ime <u>d</u>o <u>d</u>own

Middle [d]

cra<u>d</u>le doo<u>d</u>le pu<u>d</u>ing

Final [d]

a<u>dd</u> bri<u>d</u>e co<u>d</u>e har<u>d</u> ma<u>d</u> nee<u>d</u>

[t] vs [d]

unvoiced / 무성음   voiced / 유성음

Minimal Pairs 비교

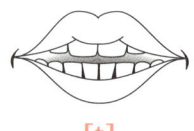
[t]

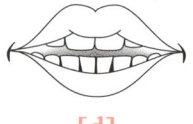
[d]

첫소리 비교

tear (n.)   dear
모음 소리 : beer

tie   die
모음 소리 : lime

time   dime
모음 소리 : lime

to   do
모음 소리 : blue

town   down
모음 소리 : brown

중간 소리 비교

latter   ladder
모음 소리 : black – purple

putting   pudding
모음 소리 : cookie – pink

끝소리 비교

at   add
모음 소리 : black

bet   bed
모음 소리 : red

bright   bride
모음 소리 : lime

coat   code
모음 소리 : gold

debt   dead
모음 소리 : red

heart   hard
모음 소리 : tart

mat   mad
모음 소리 : black

neat   need
모음 소리 : green

---

[t]와 [d] 외에는 모두 동일한 조건입니다.
이때 끝소리가 무성음일 때는 짧게 끊어 주고, 유성음일 때는 길게 늘어뜨려요.
bet – bed 둘 중 bed가 더 길게 발음됩니다.

QUIZ 1 [t], [d] 소리를 문장에서 구분해 보세요.

B2-8

1. I see you have the **time**.
   I see you have the **dime**.

2. Bring the **seat** here.
   Bring the **seed** here.

3. I think I lost my **cart**.
   I think I lost my **card**.

4. The **bet** isn't nice.
   The **bed** isn't nice.

5. Can you give her a **pat**?
   Can you give her a **pad**?

정답 p.280

된소리(경음) 알기

우리말에 바람소리 'ㅍ, ㅌ, ㅋ'과 짝을 이루는 된소리 'ㅃ, ㄸ, ㄲ'가 있듯이, 영어에도 바람소리와 짝을 이루는 된소리가 있습니다. 우리말은 바람소리와 된소리를 나타내는 글자가 각각 따로 있지만, 영어는 하나의 알파벳에서 본래의 바람소리가 날 때도 있고 된소리가 날 때도 있습니다. 그렇기 때문에 어떤 조건에서 된소리가 되는지 아는 것이 중요합니다. 영어의 된소리는 [p], [t], [k]에만 있습니다. 우리말의 'ㅃ, ㄸ, ㄲ' 소리에 해당하지요.

[t]의 된소리 [ㄸ]

아래 표시한 ①~⑥ 중에 된소리가 나는 것은 무엇일까요?

     titanium   tartar   tractor
      ①②   ③ ④   ⑤ ⑥

정답은 ⑥번입니다. [트]가 아닌 된소리 [뜨]로 발음되지요. 그렇다면 어떤 조건에서 [t] 된소리가 되는 것일까요? 음성 자료를 들으며 아래 조건을 확인해 보세요.

[t] 된소리의 조건

1. **[t] 앞에 철자 c, f, p가 있을 때** 🎧 **B2-9**

  nectar   tractor   expected   doctor
  lifted   sifting   rafting   softer
  adaptor chapter   accepted   adopting

2. **st [스뜨] ― [t] 앞에 철자 [s] 소리가 있을 때** 🎧 **B2-10**

  stay   stop   story   store

3. **str [스쭈r루]** 🎧 **B2-11**

 str의 [t] 부분은 [쭈]에 가깝게 발음합니다.

  street   stress   illustrated   frustrate

[t], [d]가 약음이 되는 조건

아래의 단어들 중 밑줄 친 부분이 'ㄹ'과 같이 발음되는 것은 모두 몇 개일까요?

a<u>d</u>ore   e<u>d</u>it   at<u>t</u>ire   i<u>t</u>em

정답은 두 개입니다. edit과 item의 밑줄 친 부분만 약음 현상이 적용됩니다. 어떤 차이가 있을까요? **[t]** 또는 **[d]**는 아래의 조건을 모두 충족시킬 때 우리말의 'ㄹ'과 흡사한 소리로 약음화됩니다.

조건 1. [t]나 [d]가 모음과 모음 사이에 있다.
조건 2. [t]나 [d]가 있는 음절에 강세가 없다.

위의 조건을 충족하는 경우를 나누어 살펴보겠습니다.

1. 단어의 원형이 조건에 맞는 경우 🎧 B2-12

be<u>tt</u>er   bu<u>tt</u>er   ci<u>t</u>y
cu<u>dd</u>le   pa<u>tt</u>ern   pu<u>dd</u>ing
pre<u>tt</u>y   no<u>t</u>ice   wa<u>t</u>er

2. 변형된 단어가 조건에 맞는 경우 🎧 B2-13

e<u>d</u>ited   commi<u>tt</u>ed   drea<u>d</u>ed
cu<u>tt</u>ing   wri<u>t</u>ing   rea<u>d</u>ing

3. 연음으로 이어진 단어들이 조건에 맞는 경우 🎧 B2-14

Wri<u>t</u>e_another le<u>tt</u>er.
You nee<u>d</u>_a pa<u>tt</u>ern.
Shoul<u>d</u>_I rea<u>d</u>_aloud?

QUIZ 2   [t]가 약음이 되지 않는 단어를 모두 고르세요.

① bu<u>tt</u>er ② a<u>tt</u>une ③ a<u>tt</u>itude

④ pre<u>tt</u>y ⑤ a<u>tt</u>ic ⑥ a<u>tt</u>ire

정답 p.280

TIP 1   모음 사이의 [rt], [rd] 발음

r로 끝나는 모음(r-controlled vowel)과 다른 모음 사이에 강세를 받지 않는 [t], [d]가 있을 때도 약음 현상이 생깁니다. r 뒤의 [t], [d]는 'ㄹ'과 'ㄷ'의 중간 소리로 발음합니다. 'ㄹ'과 'ㄷ' 소리를 동시에 발음한다고 생각하면 쉬워요.

pa<u>rt</u>y   so<u>rt</u> of   o<u>rd</u>er   stu<u>rd</u>y

＊ 자음 5강 TIP 9에서 더 연습해 보세요.

TIP 2   철자 t가 없는데 소리가 [t]로 나는 경우

무성음 [k, p, s, ʃ, tʃ]로 끝나는 단어의 -ed형은 끝소리를 [t]로 발음합니다.

link<u>ed</u>   [lɪnkt]   tap<u>ed</u>   [teypt]

leas<u>ed</u>   [liyst]   leash<u>ed</u>   [liyʃt]

reach<u>ed</u>   [riytʃt]

QUIZ 3 올바른 끝소리 발음을 고르세요.

1. peeled   [t] [d]
2. asked   [t] [d]
3. relieved [t] [d]
4. flushed   [t] [d]
5. cooked   [t] [d]
6. managed   [t] [d]
7. teased   [t] [d]
8. sobbed   [t] [d]

QUIZ 4 받아쓰기

1.
2.
3.
4.
5.

정답 p.280

자음 3강 [k] vs [g]

자음 음소

성대가 울리지 않는 무성음
unvoiced / voiceless

[k] unvoiced velar stop plosive
울림 없는 입안 뒤 멈춤소리

as in key

key의 자음 소리 [k]입니다. 입안의 뒷부분을 많이 쓰는 한국인에게는 그리 어렵지 않은 발음이지요. [k] 역시 위치에 따라 소리가 달라집니다. 첫소리 [k]는 항상 우리말 'ㅋ'과 같은 소리로 발음합니다. 중간 소리 [k]는 강세가 있으면 원래의 [크] 소리로 발음하고, 강세가 없으면 된소리 [끄]로 발음합니다. 끝소리 [k]는 파열음으로 호흡을 멈추듯 [윽] 하며 발음합니다.

[k] 소리를 문장으로 연습해요.

B3-1

1. Kate baked a cake for Christmas.
2. You can't be quiet in the chorus.

[k] 소리를 철자로 분류

k   ba<u>k</u>e   <u>k</u>eep   <u>k</u>ill   <u>k</u>ite   la<u>k</u>e

c   a<u>c</u>re   <u>c</u>lass   <u>c</u>one   <u>c</u>rime

qu[kw]   <u>qu</u>ick   <u>qu</u>iet   <u>qu</u>it   <u>qu</u>ote

x[ks]   bo<u>x</u>   e<u>x</u>it   mi<u>x</u>ture   si<u>x</u>   wa<u>x</u>

ch   <u>ch</u>orus   <u>Ch</u>ristmas   <u>ch</u>rome

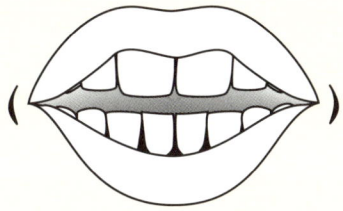

Beginning [k]

<u>c</u>ling   <u>c</u>rown   <u>c</u>ute   <u>k</u>ind

Middle [k]

a<u>c</u>orn   a<u>c</u>re   me<u>ch</u>anic

Final [k]

qui<u>ck</u>   si<u>x</u>   bo<u>x</u>   ba<u>k</u>e

자음 음소

성대가 울리는 유성음
voiced

[g] voiced velar stop plosive
울림 있는 입안 뒤 멈춤소리

as in go

go의 자음 소리 [g]입니다. 입 모양은 [k]와 같지만 성대를 울려서 우리말의 'ㄱ' 소리와 비슷하게 발음합니다. [그]보다는 [으그] 하듯 입의 목구멍 쪽에서 더 깊은 소리로 발음하세요. 끝소리 [g]를 발음할 때는 'ㄱ' 받침처럼 가볍게 [윽] 하고 마무리하면 됩니다.

[g] 소리를 문장으로 연습해요.

B3-4

1. Greg had a great game today.
2. Don't get angry at your grandma.

🎧 B3-5

[g] 소리를 철자로 분류

g　glass green hungry

gg　egg buggy

gh　ghost

x[gz]　exact example exhibit exist

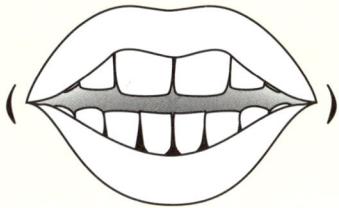

🎧 B3-6

Beginning [g]

go good grey

Middle [g]

angry exam finger hungry

Final [g]

drag egg Greg

[k] vs [g]

unvoiced / 무성음   voiced / 유성음

| Minimal Pairs | 비교 |

   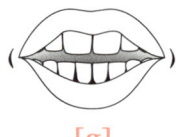

[k]   [g]

첫소리 비교

cage   gauge
모음 소리 : navy

cap   gap
모음 소리 : black

card   guard
모음 소리 : tart

coal   goal
모음 소리 : gold

coast   ghost
모음 소리 : gold

---

coat   goat
모음 소리 : gold

cold   gold
모음 소리 : gold

could   good
모음 소리 : cookie

curl   girl
모음 소리 : pearl

Kate   gate
모음 소리 : navy

끝소리 비교

back   bag
모음 소리 : black

duck   dug
모음 소리 : plum

lock   log
모음 소리 : olive

pick   pig
모음 소리 : pink

tack   tag
모음 소리 : black

---

[k]와 [g] 외에는 모두 동일한 조건입니다.

이때 끝소리가 무성음일 때는 짧게 끊어 주고, 유성음일 때는 길게 늘어뜨려요.
back - bag 둘 중 bag이 더 길게 발음됩니다.

QUIZ 1 [k], [g] 소리를 문장에서 구분해 보세요.

1. She likes her hair **curly**.
   She likes her hair **girly**.

2. There once was a **coast** here.
   There once was a **ghost** here.

3. Where is the **card**?
   Where is the **guard**?

4. It looks like a **rack**.
   It looks like a **rag**.

5. You should **back** it up.
   You should **bag** it up.

정답 p.281

된소리(경음) 알기

영어의 된소리는 **[p]**, **[t]**, **[k]**에만 있습니다. 우리말의 'ㅃ, ㄸ, ㄲ' 소리에 해당하지요.

[k]의 된소리 [ㄲ]

다음 두 단어중 [k] 된소리가 들어 있는 것은 무엇일까요?

o<u>c</u>cur   aw<u>k</u>ward

정답은 awkward입니다. [k]가 [크]가 아닌 된소리 [ㄲ]로 발음되지요. [k]는 어떤 조건에서 된소리가 되는 것일까요? 음성 자료를 들으며 아래 조건을 확인해 보세요.

[k] 된소리의 조건

[k] 소리가 꼭 알파벳 k로만 표기되는 것이 아니라는 점에 유의하세요.
c, ch, 심지어 x, qu에도 [k] 소리가 들어 있습니다.

1. sk [스ㄲ] - [k] 바로 앞에 [s] 소리가 있을 때

강세나 위치에 상관없이 모든 [sk]는 [스ㄲ]로 발음합니다. 🎧 **B3-9**

<u>sk</u>i   <u>sk</u>ate   <u>sk</u>etch   e<u>sk</u>imo

[sk] 소리는 다양한 철자의 조합에 숨어 있습니다. 🎧 **B3-10**

<u>sc</u>ar   <u>sc</u>ary   e<u>sc</u>ape   <u>squ</u>are
e<u>xc</u>use   <u>sch</u>eme   <u>scr</u>eam   <u>scr</u>atch

2. 중간 소리 [k]에 강세가 없을 때 🎧 **B3-11**

lo<u>ck</u>er   aw<u>k</u>ward   con<u>qu</u>er   li<u>qu</u>or   li<u>qu</u>id

★ 된소리가 두 개 이상 섞여 있는 단어도 연습해 볼까요? 🎧 **B3-12**

s<u>p</u>e<u>c</u>ta<u>c</u>le   ex<u>p</u>e<u>ct</u>ed   con<u>str</u>u<u>ct</u>ed
ex<u>p</u>e<u>c</u>ting   in<u>str</u>u<u>ct</u>or   <u>str</u>i<u>p</u>y

TIP 1 g가 묵음(silent)일 때

다음은 [g] 소리가 나지 않는 단어들입니다. 음절을 나눌 때 철자 g는 모음 소리에 포함된 것으로 보면 됩니다.

forei<u>g</u>n
pink

phle<u>g</u>m
red

diaphra<u>g</u>m
black

wei<u>g</u>ht
navy

ou<u>g</u>ht
strawberry

hi<u>g</u>h
lime

dou<u>g</u>h
gold

drou<u>g</u>ht
brown

TIP 2 같은 음절상의 gn, gm에서는 [g] 소리가 나지 않아요.

<u>g</u>nosis   <u>g</u>naw   si<u>g</u>n

forei<u>g</u>n   rei<u>g</u>n   desi<u>g</u>ner

diaphra<u>gm</u>   paradi<u>gm</u>   phle<u>gm</u>

* 음절이 g 뒤에서 나뉠 때는 'ㄱ' 받침처럼 처리합니다.

designate = desig + nate   signal = sig + nal

QUIZ 2 받아쓰기

1.

2.

3.

4.

5.

정답 p.281

자음 4강 [f] vs [v]

자음 음소

성대가 울리지 않는 무성음
unvoiced/voiceless

[f] unvoiced labiodental fricative
울림 없는 윗니 아랫입술 마찰소리

as in fun

---

fun의 자음 소리 [f]입니다. 윗 앞니로 아랫입술을 살짝 물었다가 놓으면서 내는 마찰소리로, 울림이 없는 소리입니다. 우리말에는 없는 소리이기 때문에 외래어를 표기할 때 'ㅍ'을 사용하지만 다른 소리이지요. [f]는 첫소리, 중간 소리, 끝소리에 차이가 없습니다.

[f] 소리를 문장으로 연습해요.   B4-1

1. It is a fun-filled festival for the whole family.
2. You're the first one to laugh at my friend.

[f] 소리를 철자로 분류

f	fat fine fun prefer
ff	cliff Tiffany
ph	nephew phone phrase
gh	laugh cough enough rough

* shepherd의 ph는 예외로 [p] 소리가 납니다.

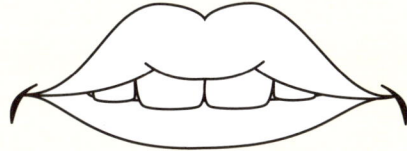

Beginning [f]
farm first friend fool full photo

Middle [f]
afar confirm refer transform elephant

Final [f]
cliff graph laugh tough giraffe

자음 음소

성대가 울리는 유성음
voiced

[v] voiced labiodental fricative
울림 있는 윗니 아랫입술 마찰소리

as in vase

---

vase의 첫 자음 소리 [v]입니다. [f]와 같이 윗 앞니로 아랫입술을 살짝 물었다가 놓으면서 소리를 내지만, [v]는 울리는 소리라는 점이 다릅니다. 손을 목에 대고 성대가 울리는지 확인해 보세요. 첫소리와 중간 소리 [v]는 항상 철자 v로 표기됩니다. 끝소리 [v]도 단어 of의 f를 제외하고는 전부 철자 v에서 발음됩니다.

[v] 소리를 문장으로 연습해요.

B4-4

1. The vase was in my van overnight.
2. Seven moving vans leave the valley.

[v] 소리를 철자로 분류

v   co_ver lea_ve mo_ve se_ven solve vowel

vv   savvy

f   of

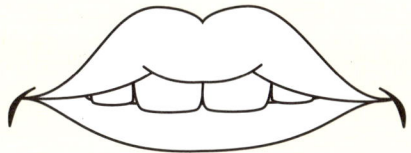

Beginning [v]

valley very vocal

Middle [v]

navy revamp severe

Final [v]

have of save

[f] vs [v]

unvoiced / 무성음   voiced / 유성음

Minimal Pairs 비교

[f]

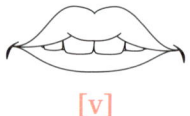
[v]

첫소리 비교

face	vase
모음 소리 : navy

fail   veil
모음 소리 : navy

fan   van
모음 소리 : black

fender   vendor
모음 소리 : red – purple

ferry   very
모음 소리 : red – green

fest   vest
모음 소리 : red

few   view
모음 소리 : blue

final   vinyl
모음 소리 : lime (첫 음절)

fine   vine
모음 소리 : lime

rifle   rival
모음 소리 : lime (첫 음절)

끝소리 비교

belief   believe
모음 소리 : pink – green

leaf   leave
모음 소리 : green

relief   relieve
모음 소리 : pink – green

---

[f]와 [v] 외에는 모두 동일한 조건입니다.
이때 끝소리가 무성음일 때는 짧게 끊어 주고, 유성음일 때는 길게 늘어뜨려요.
belief – believe 둘 중 believe가 더 길게 발음됩니다.

QUIZ 1 [f], [v] 소리를 문장에서 구분해 보세요.

B4-8

1. I need a large **fan** for my family.
   I need a large **van** for my family.

2. I have a **few** of them.
   I have a **view** of them.

3. Is there a **rifle**?
   Is there a **rival**?

4. I think it is **final**.
   I think it is **vinyl**.

5. It's definitely my **fault**.
   It's definitely my **vault**.

정답 p.281

[f] vs [p]
unvoiced / 무성음   unvoiced / 무성음

Minimal Pairs 비교

[f]

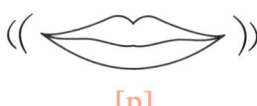
[p]

첫소리 비교

fool   pool
모음 소리 : blue

fork   pork
모음 소리 : corn

full   pull
모음 소리 : cookie

중간 소리 비교

suffer   supper
모음 소리 : plum – purple

끝소리 비교

cliff   clip
모음 소리 : pink

chief   cheap
모음 소리 : green

laugh   lap
모음 소리 : black

---

[f], [p]를 구분해서 연습해 보세요.

[f] - [p]   footprint   fruit punch
[p] - [f]   prefer   pitfall   professional
문장연습   Peter preferred to play football.

QUIZ 2 [f], [p] 소리를 문장에서 구분해 보세요.

B4-11

1. It is a picture of a **cliff**.
   It is a picture of a **clip**.

2. I like my mom's **lap**.
   I like my mom's **laugh**.

3. He's going to **suffer** soon.
   He's going to **supper** soon.

4. Where can I find the **fool**?
   Where can I find the **pool**?

5. Would you pass me the **fork**?
   Would you pass me the **pork**?

정답 p.281

[v] vs [b]

voiced / 유성음   voiced / 유성음

Minimal Pairs — 비교

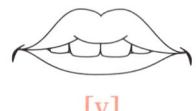
[v]

[b]

첫소리 비교

v   bee
모음 소리 : green

van   ban
모음 소리 : black

veil   bail
모음 소리 : navy

very   berry
모음 소리 : red – green

vest   best
모음 소리 : red

vet   bet
모음 소리 : red

vow   bow (n.)
모음 소리 : brown

중간 소리 비교

marvel   marble
모음 소리 : tart (첫 음절)

끝소리 비교

carve   carb
모음 소리 : tart

curve   curb
모음 소리 : purple

---

[v]와 [b] 외에는 모두 동일한 조건입니다.

QUIZ 3 [v], [b] 소리를 문장에서 구분해 보세요.

1. She took his **vow**.
   She took his **bow**.

2. This is the **vest**.
   This is the **best**.

3. My car is parked on the **curve**.
   My car is parked on the **curb**.

4. She was **veiled**.
   She was **bailed**.

5. They decided not to consider my **vote**.
   They decided not to consider my **boat**.

6. The **van** is approaching near.
   The **ban** is approaching near.

정답 p.281

자음 5강 [l] vs [r]

자음 음소

성대가 울리는 유성음
voiced
[l] 소리는 유·무성음 구분이 중요하지는 않습니다.

[l] voiced lateral liquid
울림을 가지고 혀 양옆으로 나는 소리

as in light

---

[l] 소리는 light L(또는 clear L)과 dark L 두 가지로 나뉩니다. light L은 [을르] 하듯 앞니 뒤에서 혀를 차고 내려오는 자음 소리입니다. dark L은 [어] 하며 목구멍을 열고 혀를 앞니 뒤에 살짝 얹거나 아예 내려놓는 소리로, 모음에 더 가까운 소리가 납니다. 둘의 차이가 커서 dark L만 [ɫ]로 표기하는 사전도 있습니다. 첫소리 [l]은 언제나 light L이며, 중간 소리 [l]은 light L일 수도, dark L일 수도 있습니다. 끝소리 [l]은 dark L로 발음합니다.

[l] 소리를 문장으로 연습해요.

B5-1

1. Larry likes apple flavored lollipops.
2. A lot of people left already.

[l] 소리를 철자로 분류

I   a<u>l</u>ign as<u>l</u>eep <u>l</u>and <u>l</u>ast <u>l</u>ike

ll   ca<u>ll</u> fe<u>ll</u>ow ma<u>ll</u> stro<u>ll</u> to<u>ll</u>

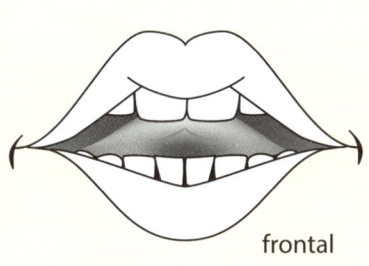

frontal

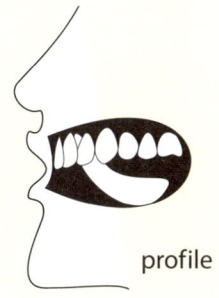

profile

Beginning [l]

<u>l</u>ate <u>l</u>eave <u>l</u>eg <u>l</u>et <u>l</u>ight <u>l</u>ong

Middle [l]

a<u>l</u>ive a<u>l</u>one on<u>l</u>y ye<u>ll</u>ow sa<u>l</u>ad

Final [l]

ab<u>l</u>e a<u>ll</u> app<u>l</u>e fi<u>ll</u> foo<u>l</u> tab<u>l</u>e troub<u>l</u>e

자음 음소

성대가 울리는 유성음
voiced
[r] 소리는 유·무성음 구분이 중요하지는 않습니다.

[r] voiced retroflex
울림을 가지고 혀가 뒤로 말리는 소리

as in right

---

[r]은 혀 뒤쪽을 윗 어금니에 붙였다가 혀끝을 뒤로 가져가서 말듯이 '얼' 하며 내는 소리입니다. 첫소리 [r]은 입을 동그랗게 오므리면서 시작합니다. 소리가 없는 상태에서 입 모양만 본다면 [w]와 같습니다. 첫소리 [r], 중간 소리 [r], 끝소리 [r] 모두 동일하게 혀를 입 안쪽으로 말아 넣는 발음이지만, 이 소리는 바로 앞에 오는 모음에 따라 느낌이 굉장히 다릅니다. 그렇기 때문에 음성학자들은 [r]이 붙는 모음 소리를 'r-controlled vowel'이라는 모음 음소로 따로 분류합니다. 이 책에서도 모음 10강에 따로 정리되어 있지요.

[r] 소리를 문장으로 연습해요.

B5-4

1. Roses are really pretty.
2. We're really worried about our rear-view mirror.

[r] 소리를 철자로 분류

r   cry rich right strain their

rr correct error surreal

wr wrist write wrong

rh rhyme rhythm rheumatism

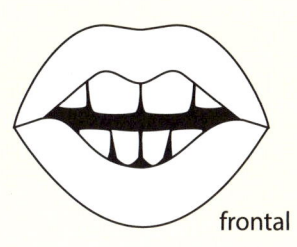
frontal

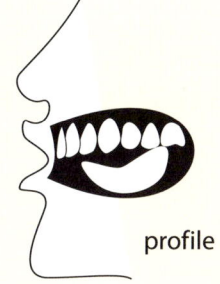
profile

Beginning [r]

real red relate rest wrench

Middle [r]

around orange story very worry

Final [r]

appear before door more near

[l] vs [r]

voiced / 유성음   voiced / 유성음

B5-7

Minimal Pairs 비교

[l]

[r]

첫소리 비교

lamp   ramp
모음 소리 : black

lane   rain
모음 소리 : navy

lace   race
모음 소리 : navy

lead*   read*
모음 소리 : green 또는 red

leaf   reef
모음 소리 : green

light   right
모음 소리 : lime

lime   rhyme
모음 소리 : lime

list   wrist
모음 소리 : pink

load   road
모음 소리 : gold

lock   rock
모음 소리 : olive

중간 소리 비교

alive   arrive
모음 소리 : plum – lime

belly   bury (=berry)
모음 소리 : red – green

collect   correct
모음 소리 : plum – red

elect   erect
모음 소리 : pink – red

flee   free
모음 소리 : green

fly   fry
모음 소리 : lime

glass   grass
모음 소리 : black

끝소리 비교

formal   former
모음 소리 : corn (첫 음절)

label   labor
모음 소리 : navy (첫 음절)

towel   tower
모음 소리 : brown (첫 음절)

loyal   lawyer
모음 소리 : oyster (첫 음절)

(두 번째 음절은 l과 r의 끝소리 차이로 인해 모음 소리가 서로 다릅니다.)

* 동사일 경우 둘 다 green, 명사일 경우 둘 다 red로 발음합니다.

QUIZ 1 [l], [r] 소리를 문장에서 구분해 보세요.

1. He has a **lock** in his pocket.
   He has a **rock** in his pocket.

2. I like **laces**.
   I like **races**.

3. I always use **lead** pencil for this.
   I always use **red** pencil for this.

4. He is on the **light** side.
   He is on the **right** side.

5. Where did you put my **clown**?
   Where did you put my **crown**?

6. I need to **collect** them.
   I need to **correct** them.

정답 p.281

> **TIP 1**　[l] 끝소리 혀의 위치

단어가 [l]로 끝날 때는 [어] 하듯이 허공에 혀를 띄우세요. 앞니 뒤에 혀를 살짝 대도 되지만, 연습할 때부터 그렇게 하지 않는 것을 권하고 싶어요. 자꾸 'ㄹ'처럼 발음하려고 힘이 들어가면 올바른 소리가 나오지 않습니다.

> **TIP 2**　[l] 끝소리가 있을 때와 없을 때의 차이

같은 모음 소리에 [l] 끝소리가 없는 것과 있는 것을 비교해 보세요.
어때요? '어' 하는 소리가 들어간 것처럼 들리죠?

boy	⋯	boil
me	⋯	meal
my	⋯	mile
pay	⋯	pail (=pale)
say	⋯	sale (=sail)
see	⋯	seal
so	⋯	soul
too	⋯	tool
why	⋯	while

TIP 3 [l]과 [ld]의 비교
B5-11

          bill ··· build (=billed)
          coal ··· cold
          goal ··· gold
          hole ··· hold
          sole ··· sold

gold [ow] + [l] 끝소리는 [오우어]가 맞겠지만, 더 간단히 [오오]처럼 발음합니다. [d]로 끝나면 살짝 차는 소리가 더해집니다. 단어만 놓고 보면 차이점이 거의 없어 보이지만, 문장에서 다음 단어가 모음으로 시작하면 차이가 확연히 드러납니다. Hole in은 [호올린], Hold it은 [호오딭]이 되지요.

TIP 4 [l]과 [lt]의 비교
B5-12

[l]과 [lt] 소리는 한국인이 구분하기 힘든 발음입니다. 두 단어의 끝소리를 비교하며 들어 보세요.

          bell ··· belt
          fell ··· felt
          fall ··· fault
          haul ··· halt
          mall ··· malt

차이가 느껴지시나요? 끝소리 [t]는 파열음으로 호흡을 잠깐 멈추는 느낌으로 발음합니다.

TIP 5 L이 묵음(silent)일 때

light L과 dark L의 구분 외에 또 한 가지 유의할 점이 있다면 L이 묵음이 되는 경우가 있다는 점입니다. 이때 L은 모음 소리에 포함되는 철자로 보면 됩니다. 각 단어의 밑줄 친 부분을 모음 음소 그대로 읽어 보세요.

[æ]	ca<u>l</u>f	ha<u>l</u>ve	sa<u>l</u>mon	sa<u>l</u>ve
[ə]	Linco<u>l</u>n			
[ɑ]	a<u>l</u>mond*	ba<u>l</u>m	ca<u>l</u>m	pa<u>l</u>m
	Psa<u>l</u>m	so<u>l</u>der		
[ɔ]	cha<u>l</u>k	sta<u>l</u>k	ta<u>l</u>k	wa<u>l</u>k
[ow]	fo<u>l</u>k	Ho<u>l</u>ms	Stockho<u>l</u>m	yo<u>l</u>k
[ʊ]	cou<u>l</u>d	shou<u>l</u>d	wou<u>l</u>d	

* almond는 [l] 묵음 대신에 dark L로 발음하기도 합니다.

TIP 6 중간에 위치한 dark L은 묵음처럼 들립니다.

dark L이 단어의 끝에 있는 것이 아닌 경우 묵음처럼 들립니다. **[l] 소리를 너무 의식하지 않고 모음의 일부처럼 [어] 하듯이 발음해 보세요.** 한마디로 말씀드리면, "안 하는 게 하는 거예요."

a<u>l</u>ways	he<u>l</u>p	sca<u>l</u>p	resu<u>l</u>t
so<u>l</u>dier	so<u>l</u>ve	Wa<u>l</u>mart	Rudo<u>l</u>ph

TIP 7 dark L 찾는 방법

🎧 B5-15

단어에서 light L과 dark L은 어떻게 구분할까요? [l] 소리 다음에 모음이 있다면 light L이고, [l] 소리가 끝소리이거나 중간에 위치하면서 자음 바로 앞에 있다면 dark L입니다.

sol̄d solíd sal̄e
dark L light L dark L

QUIZ 2 받아쓰기

🎧 B5-16

1. _____

2. _____

3. _____

4. _____

5. _____

정답 p.281

---

[r]과 [w]가 비슷한 이유

영어가 모국어인 사람들도 혀가 자리잡지 않은 유아기에 right 발음이 되지 않아 white 으로 발음하는 것을 발견할 수 있는데요,
"That's right, mom."을 "That's white, mom." 이렇게 말합니다. 이렇게 말하게 되는 이유는 [r]과 [w]의 입 모양이 같기 때문입니다. 입안에서 혀의 움직임만 다르지요.
입 모양만 지켜진다면 미국 사람들은 that's light보다는 that's white을 that's right으로 알아들을 거예요. 다만 '혀가 좀 짧은가 보다' 하겠죠?

DRILL 1   L과 R 연습 / light L [l] + [r]

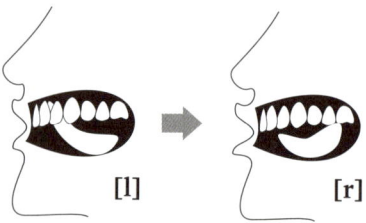

alarm   learn   lord   teller

alarm은 두 번째 음절의 모음 소리가 tart의 [ɑr]이기 때문에 입을 olive의 [ɑ]처럼 벌려 주어야 합니다. 모음 소리를 정확하게 해야 빛나는 발음이 될 수 있어요.
learn은 [l] + purple의 [ər] + [n]이 이어지는 발음입니다. 혀는 [l] 첫소리 위치(앞니 뒤)에 두고, 입 모양은 purple의 [ər]로 만들어서 소리를 냅니다.

DRILL 2   L과 R 연습 / dark L [l] + [r]

jewelry   rivalry

dark L이 단어의 끝에 있는 것이 아닌 경우 묵음처럼 들린다고 설명했던 것 기억하시죠? r 앞에 있을 때도 dark L을 모음의 일부처럼 [어] 하며 발음하고 ry 발음으로 이어주면 됩니다.

DRILL 3   L과 R 연습 / [r] + [l] + [l]

많은 분들이 어려워하는 parallel 발음입니다. 천천히 따라해 볼까요?

parallel
① ② ③

① para 발음을 먼저 한 후
② [l] 첫소리로 혀를 차고 내려옵니다.
③ [l] 끝소리로 혀를 [어] 하듯 띄워 줍니다.

DRILL 4   L과 R 연습 / [rəl]   B5-20

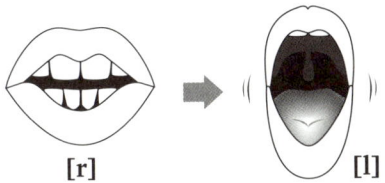

co**ral**   libe**ral**   spi**ral**   bar**rel**

[rəl] 발음을 하려면 [r]의 위치에서 먼저 시작해야겠죠? 윗 어금니에 혀 양옆을 댄 후 혀끝은 말리는 자세가 [r]입니다. 이렇게 어금니에 혀 뒷부분을 댄 상태에서 strawberry의 [ɔ] 소리를 내듯이 입을 아래위로 벌리면 쉽게 [rəl] 발음을 할 수 있습니다.

DRILL 5   L과 R 연습 / [r]에서 바로 이어지는 dark L   B5-21

gi**rl**   pea**rl**   twi**rl**   wo**rld**

위의 [rəl] 발음을 단숨에 더 빨리 한다고 생각하면 됩니다. [rəl]과 큰 차이를 느낄 수 없을 정도입니다. 모음 10강의 pearl [ərl] 발음 기억하시죠? [r]은 모음으로도 분류할 수 있어요. [l] 끝소리도 마찬가지입니다. girl은 [글어]처럼, world는 [우월얻]처럼 발음하면 됩니다. 들으면서 많이 연습하세요!

DRILL 6   L과 R 연습 / [t], [d]의 약음 + [r]   B5-22

ba**tt**ery   bu**tt**ery   po**tt**ery   ve**t**eran

약음화된 [t]나 [d]는 우리말 'ㄹ'과 같은 소리가 된다고 했던 것 기억하시죠?
[t], [d]의 약음 'ㄹ'과 [r] 발음의 굴리는 소리 차이에 유의하면서 따라해 보세요.

DRILL 7 L과 R 연습 / [t], [d] 약음 + [rəl]

B5-23

[t], [d] 약음에서 [r] 발음이 이어지는 연습을 했으니 앞뒤로 [l] 소리가 있는 단어도 연습해 보겠습니다. [d] 약음 + [ər] + [l] 끝소리가 이어지는 federal로 먼저 연습하고, 약음의 앞뒤로 [l] 소리가 있는 단어들을 연습해 보세요.

fe<u>d</u>eral   la<u>t</u>eral   li<u>t</u>eral   colla<u>t</u>eral

DRILL 8 L과 R 연습 / [r] + [r]

B5-24

[r] 소리가 연달아 있으면 혀가 말려 들어간 채로 같은 소리를 한 번 더 내면 됩니다. 하지만 이 소리는 미국인들도 귀찮아서 정성을 들여 [r]을 두 번 발음하려고 하지 않습니다. 중간의 [r]은 건너뛰고 발음하지요. mirror을 '미얼'처럼 발음합니다.

e<u>rr</u>or   ho<u>rr</u>or   mi<u>rr</u>or   te<u>rr</u>or

error ⋯ '에얼'처럼 발음해요. air과 아주 비슷합니다.
horror ⋯ '호얼'처럼 발음해요.
mirror ⋯ '미얼'과 '매얼'의 중간 소리로 발음해요.
terror ⋯ '테얼'처럼 발음해요. tear(v.)과 아주 비슷합니다.

[ər] 소리의 다양한 철자

모음 10강에서 다루었던 purple의 [ər] 소리 기억하시죠?
[ər] 소리는 ar, ir, er, or, ur 등 정말 다양한 철자에서 나옵니다.

DRILL 9 [r]이 [t] 또는 [d]를 만날 때 생기는 약음 현상

[t]나 [d] 바로 앞에 [r]이 있을 때 특이한 약음 현상이 생기는데, 이 약음은 우리말 'ㄷ'과 'ㄹ' 중간 소리로 발음합니다. 가장 친숙한 예가 order과 party일 것 같은데요. 한국인의 기피 발음 1등이라고 해도 과언이 아닙니다. butter 할 때처럼 편하게 [러]를 사용하면 안 됩니다. order을 [오우럴] 하면 odor나 oral처럼 들리게 되고, [올덜] 하면 older과 구분하기가 힘들겠죠? [더]도 아니고 [러]도 아닌 그 중간 소리로 발음합니다. 다음 단어들을 듣고 연습해 보세요.

1. [r] + [t], [d] 약음

　　artist　　　smarty
　　part of　　 sort of
　　according　 departed

B5-25

2. [or] + [t], [d] 약음 + [ər]

　　order　　　quarter

B5-26

3. [ər] + [t], [d] 약음 + [l]

　　girdle　　　hurdle　　　turtle

B5-27

깜짝 비교!
소리 차이에 집중하며 듣고 따라해 보세요.

　　order　　odor　　older　　oral

B5-28

자음 6강 [θ] vs [ð]

자음 음소

성대가 울리지 않는 무성음
unvoiced/voiceless

[θ] unvoiced fricative
울림 없는 윗니 혀끝 마찰소리

as in t<u>h</u>in

[θ]는 혀를 윗니와 아랫니 사이로 살짝 내밀면서 내는 마찰소리이며, 성대가 울리지 않는 무성음입니다. 혀를 내밀면서 우리말 [뜨]처럼 하되 성대 울림 없이 내보내세요. thin, think를 발음하면서 손을 목에 대고 확인했을 때 울림이 없어야 합니다.

[θ] 소리를 문장으로 연습해요.
B6-1

1. T<u>h</u>ank your mom on your bir<u>th</u>day.
2. I have no<u>th</u>ing in my mou<u>th</u>.

[θ] 소리를 철자로 분류

th　bir**th**　mo**th**　no**th**ing　slo**th**
　　　　thigh

★ [θ] 소리를 표현하는 철자는 th가 유일합니다.

Beginning [θ]

thank　**th**aw　**th**eme　**th**eory　**th**in
thirsty　**th**ought

Middle [θ]

any**th**ing　au**th**or　heal**th**y　weal**th**y

Final [θ]

ba**th**　bo**th**　clo**th**　mou**th**　pa**th**　sou**th**
tee**th**

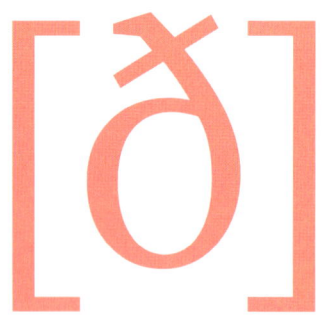

자음 음소

성대가 울리는 유성음
voiced

[ð] voiced fricative
울림 있는 윗니 혀끝 마찰소리

as in the

입 모양은 [θ]와 [ð] 두 음소가 같습니다. 혀를 윗니와 아랫니 사이로 살짝 내밀면서 내는 마찰소리라는 점은 같지만, [ð]는 성대를 울려 발음합니다. the, that을 발음하며 손을 목에 대고 확인했을 때 움직임을 느낄 수 있어야 합니다. 혀를 내밀면서 우리말 [드]처럼 발음하세요.

[ð] 소리를 문장으로 연습해요.

B6-4

1. That's my mo<u>th</u>er's bro<u>th</u>er.
2. <u>Th</u>ough <u>th</u>e wea<u>th</u>er is bad, <u>th</u>ey'll go <u>th</u>ere.

[ð] 소리를 철자로 분류

th ano<u>th</u>er tee<u>th</u>ing <u>th</u>e <u>th</u>en <u>th</u>ere

★ [ð] 소리를 표현하는 철자는 th가 유일합니다.

Beginning [ð]

<u>th</u>at <u>th</u>e <u>th</u>em <u>th</u>en <u>th</u>ese <u>th</u>ere <u>th</u>ey <u>th</u>is <u>th</u>ose <u>th</u>ough

Middle [ð]

bro<u>th</u>er fa<u>th</u>er ga<u>th</u>er mo<u>th</u>er

Final [ð]

ba<u>the</u> brea<u>the</u> clo<u>the</u> soo<u>the</u> smoo<u>th</u>*

* smooth는 끝에 e가 들어가지 않고도 끝소리가 [ð]인 유일한 단어입니다.

[θ] vs [ð]

unvoiced / 무성음   voiced / 유성음

B6-7

Minimal Pairs 비교

[θ]

[ð]

첫소리 비교

thigh   thy   * [θ]와 [ð]의 minimal pair는 이 세트가 유일합니다.
모음 소리 : lime

[v] vs [ð]

voiced / 유성음   voiced / 유성음

B6-8

Minimal Pairs 비교

[v]

[ð]

첫소리 비교

veil   they'll   v   thee
모음 소리 : navy   모음 소리 : green

vine   thine   v's   these
모음 소리 : lime   모음 소리 : green

TIP 1 유성음 [ð] 끝소리에 붙은 복수형 s는 [z]로 발음해요.

유성음 [ð] 끝소리를 가진 단어에 붙은 복수형 s는 [z]로 발음합니다. 본래의 [ð] 소리를 낼 때처럼 혀를 내밀지 않아도 됩니다. 실제로 clothes와 close는 소리에 거의 구분이 없답니다. 다음은 소리가 같은 동음이의어입니다.

bathes = bades   breathes = breeze   clothes = close

 TIP 2 무성음 [θ] 끝소리에 붙은 복수형 s는 [s]로 발음해요. **B6-10**

무성음 [θ] 끝소리를 가진 단어에 붙은 복수형 s는 [s]로 발음합니다. 마찬가지로 본래의 [θ] 소리를 낼 때처럼 혀를 내밀지 않아도 됩니다.

month ⋯▶ months
             모음 소리 : plum

death ⋯▶ deaths
             모음 소리 : red

wreath ⋯▶ wreaths
             모음 소리 : green

cloth ⋯▶ cloths
             모음 소리 : strawberry

fifth ⋯▶ fifths
             모음 소리 : pink

네 단어 함께 비교!

cloth – cloths   clothe – clothes
모음 소리 : strawberry   모음 소리 : gold

[d] vs [ð]

voiced / 유성음   voiced / 유성음

B6-12

| Minimal Pairs | 비교 |

[d]   [ð]

첫소리 비교

day   they
모음 소리 : navy

dare   there
모음 소리 : air

dough   though
모음 소리 : gold

중간 소리 비교

wordy   worthy
모음 소리 : purple – green

끝소리 비교

breed   breathe
모음 소리 : green

bade   bathe
모음 소리 : navy

sued   soothe
모음 소리 : blue

---

[d]와 [ð] 외에는 모두 동일한 조건입니다.

QUIZ 1 [d], [ð] 소리를 문장에서 구분해 보세요.

B6-13

1. He is **wordy**.
   He is **worthy**.

2. Let me see you **dare**.
   Let me see you **there**.

3. He was **sued** right away.
   He was **soothed** right away.

4. He is having a **breeding** problem.
   He is having a **breathing** problem.

5. It doesn't look like **day** will ever come.
   It doesn't look like **they** will ever come.

정답 p.281

 vs

B6-14

unvoiced / 무성음   unvoiced / 무성음

| Minimal Pairs | 비교 |

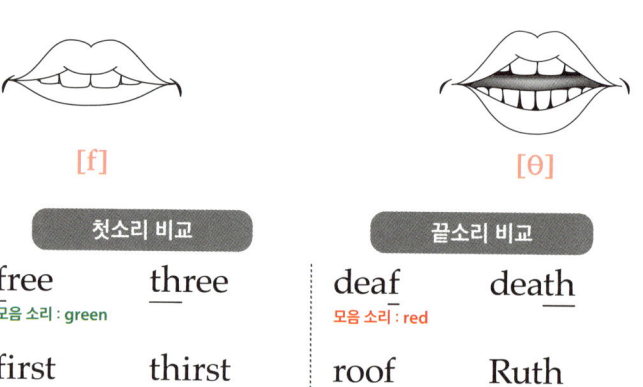

[f]   [θ]

첫소리 비교

free   three
모음 소리 : green

first   thirst
모음 소리 : purple

끝소리 비교

deaf   death
모음 소리 : red

roof   Ruth
모음 소리 : blue

[f]와 [θ] 외에는 모두 동일한 조건입니다.

QUIZ 2 [f], [θ] 소리를 문장에서 구분해 보세요. B6-15

1. This says "**deaf**."
   This says "**death**."

2. I got **free** apples.
   I got **three** apples.

3. He named his dog '**Roof**.'
   He named his dog '**Ruth**.'

4. I have a hard time pronouncing '**first**.'
   I have a hard time pronouncing '**thirst**.'

정답 p.281

[t] vs [θ]

unvoiced / 무성음　unvoiced / 무성음

| Minimal Pairs | 비교 |

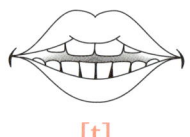

[t]　　　　　　　　　　[θ]

첫소리 비교

taught　　thought
모음 소리 : strawberry

team　　theme
모음 소리 : green

tin　　thin
모음 소리 : pink

tank　　thank
모음 소리 : black

끝소리 비교

debt　　death
모음 소리 : red

boot　　booth
모음 소리 : blue

---

[t]와 [θ] 외에는 모두 동일한 조건입니다.

QUIZ 3 [t], [θ] 소리를 문장에서 구분해 보세요.

B6-17

1. I think she said 'many **tanks**.'
   I think she said 'many **thanks**.'

2. Here's your **boot**.
   Here's your **booth**.

3. I heard of his **debt**.
   I heard of his **death**.

4. She always **taught** differently.
   She always **thought** differently.

5. Our project has a new **team** now.
   Our project has a new **theme** now.

6. Wrap it with **tin** foil.
   Wrap it with **thin** foil.

정답 p.281

QUIZ 4 밑줄 친 th 부분의 발음기호를 적어 보세요.   B6-18

1. <u>th</u>e   [   ]   2. o<u>th</u>er   [   ]   3. <u>th</u>rough [   ]
4. <u>th</u>ese   [   ]   5. bo<u>th</u>   [   ]   6. soo<u>th</u>e   [   ]
7. smoo<u>th</u>   [   ]   8. ba<u>th</u>e   [   ]   9. <u>th</u>ey   [   ]
10. <u>th</u>ing   [   ]   11. ga<u>th</u>er   [   ]   12. <u>th</u>ough   [   ]

QUIZ 5 밑줄 친 부분의 음소를 순서대로 나열한 것과 연결해 보세요.   B6-19

1. ba<u>th</u>   ba<u>th</u>e   •   • a. [θ] [ð]
2. clo<u>th</u>   clo<u>th</u>s •   • b. [ð] [θ]
3. boo<u>th</u>   boo<u>th</u>s •   • c. [ð] [ð]
4. clo<u>th</u>e clo<u>th</u>ed •   • d. [θ] [θ]
5. brea<u>th</u> brea<u>th</u>e •

정답 p.281

QUIZ 6 받아쓰기 B6-20

1.

2.

3.

4.

5.

정답 p.281

자음 7강 [s] vs [z]

자음 음소

성대가 울리지 않는 무성음
unvoiced/voiceless

[s] unvoiced fricative
울림 없는 치아 혀끝 마찰소리

as in so

---

[s]는 혀를 앞니 바로 뒤에 살짝 대고 입을 조금 열어 공기를 밀어내는 소리입니다. 먼저 [s] 소리로 연속해서 [ssssss] 하는 소리를 만들어 보세요. 소리가 [ssssss]로 유지된다면 바르게 했다는 증거입니다. 소리가 [스~] 하다가 [으]로 끝났다면 다시 연습하세요!

[s] 소리를 문장으로 연습해요.
B7-1

1. Sam sells sand boxes.
2. This makes enough space for sleeping.

[s] 소리를 철자로 분류

s	de_s_k _s_ki _s_moke _s_py _s_teal
c	_c_ell _c_enter i_c_e la_c_e
ss	dre_ss_er ki_ss_ le_ss_ me_ss_age
sc	_sc_ene _sc_ent _sc_ience
x[ks]	fi_x_ fo_x_ o_x_en si_x_ ta_x_ ta_x_i
z	pret_z_el walt_z_
zz	pi_zz_a

Beginning [s]

_c_entral _s_ame _s_pace _s_till

Middle [s]

a_s_leep ma_ss_age pi_zz_a

Final [s]

ant_s_ make_s_ thi_s_ twi_c_e

자음 음소

성대가 울리는 유성음
voiced

[z] voiced fricative
울림 있는 치아 혀끝 마찰소리

as in zoo

[z]의 입 모양은 [s]와 같습니다. 혀를 앞니 바로 뒤에 살짝 대고 입을 조금 열어 공기를 밀어내는 소리라는 점은 같지만, [z]는 목을 울려서 소리를 냅니다. [z] 소리로 연속해서 [zzzzzz] 하는 소리를 만들어 보세요. 소리가 [zzzzzz]로 유지된다면 바르게 했다는 증거입니다. 소리가 [으]로 끝났다면 다시 연습하세요! 이때 손을 목에 대고 성대가 울리는지도 꼭 확인해 보세요.

[z] 소리를 문장으로 연습해요.

B7-4

1. lazy zebras in the zoo
2. Fuzzy Wuzzy was a bear.

🎧 B7-5

[z] 소리를 철자로 분류

z   cra_z_y li_z_ard snee_z_e _z_ip _z_oom

s   eye_s_ ha_s_ re_s_ult ro_s_e the_s_e

zz   bu_zz_ fu_zz_y   x   _x_ylophone

x[gz] exam executive exist

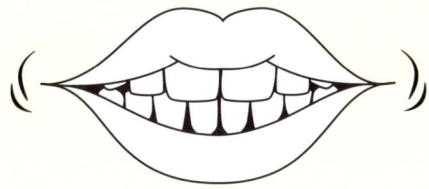

🎧 B7-6

Beginning [z]

_x_ylitol _x_ylophone _z_ebra _z_oo _z_oom

Middle [z]

brui_s_ing chee_s_y fu_zz_y pla_z_a

Final [z]

egg_s_ eye_s_ i_s_ leg_s_ wa_s_

[s] vs [z]

unvoiced / 무성음   voiced / 유성음

Minimal Pairs   비교

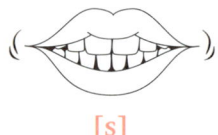

[s]

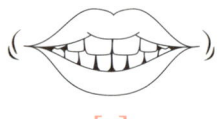

[z]

첫소리 비교

sewn   zone
모음 소리 : gold

sink   zinc
모음 소리 : pink

sip   zip
모음 소리 : pink

sue   zoo
모음 소리 : blue

중간 소리 비교

ceasing   seizing
모음 소리 : green – pink

lacy   lazy
모음 소리 : navy – green

racer   razor
모음 소리 : navy – purple

끝소리 비교

advice   advise
모음 소리 : plum – lime

hiss   his
모음 소리 : pink

lease   Lee's
모음 소리 : green

loose   lose
모음 소리 : blue

loss   laws
모음 소리 : strawberry

Miss   Ms.
모음 소리 : pink

niece   knees
모음 소리 : green

noose   news
모음 소리 : blue

place   plays
모음 소리 : navy

race   raise
모음 소리 : navy

rice   rise
모음 소리 : lime

spice   spies
모음 소리 : lime

use (n.) use (v.)
모음 소리 : blue

[s]와 [z] 외에는 모두 동일한 조건입니다.

QUIZ 1 [s], [z] 소리를 문장에서 구분해 보세요.

1. Please **sip** it slowly.
   Please **zip** it slowly.

2. Wasn't he **deceased**?
   Wasn't he **diseased**?

3. I like **racing** my dog.
   I like **raising** my dog.

4. What would be your favorite **place**?
   What would be your favorite **plays**?

5. I see the **ice**.
   I see the **eyes**.

6. I'll settle with that **price**.
   I'll settle with that **prize**.

정답 p.281

TIP 1 끝소리 [s]: 이럴 땐 [s]로 발음해요.

1. e, i, y 바로 앞의 c는 [s] 소리가 납니다.

Gree<u>c</u>e   <u>c</u>ent   la<u>c</u>y   so<u>c</u>iety   tra<u>c</u>e

2. 무성음 바로 다음에 오는 s는 [s]로 발음합니다. 주로 복수형이겠죠?

book<u>s</u>   cat<u>s</u>   lip<u>s</u>   month<u>s</u>   muff<u>s</u>

3. 무성음이나 자음 뒤에 오는 z는 [s]로 발음합니다.

Rit<u>z</u>   pia<u>zz</u>a*   pi<u>zz</u>a*   pret<u>z</u>el   walt<u>z</u>

이 경우가 아니라면 당연히 모든 철자 z는 [z]로 발음됩니다.

* 철자가 zz일 때 piazza, pizza처럼 a로 끝나면 [s]로 발음하고,
buzz, frenzy, frizzy, fuzzy처럼 y로 끝날 때는 [z]로 발음합니다.

복습! [s]에 이어지는 된소리
자음 1, 2, 3강에서 공부한 된소리 기억하시죠?
s가 [p], [t], [k] 소리 앞에 오면 [p], [t], [k]는 된소리가 됩니다.

<u>s</u>pace   <u>s</u>teak   <u>s</u>kate

TIP 2 끝소리 [z]: 이럴 땐 [z]로 발음해요.

모음 또는 유성음 바로 다음에 오는 s는 [z]로 발음합니다. 주로 단어의 복수형에서 찾아볼 수 있습니다.

<u>ears</u>　<u>eyes</u>　<u>gives</u>　<u>lids</u>　<u>tells</u>

TIP 3 끝소리 [s], [z]: 장단의 차이

단어의 끝소리가 [s]일 때, 바로 앞에 있는 모음은 길이가 짧아집니다(단모음). 반대로 끝소리가 [z]일 때는 바로 앞에 있는 모음의 길이가 길어집니다(장모음).

[s] 끝소리	[z] 끝소리
짧게 발음	길게 발음
advi<u>c</u>e	advi<u>s</u>e
i<u>c</u>e	eye<u>s</u>
ri<u>c</u>e	ri<u>s</u>e

[s] vs [θ]

unvoiced / 무성음   unvoiced / 무성음

B7-13

| Minimal Pairs | 비교 |

---

[s]   [θ]

첫소리 비교

sank   thank
모음 소리 : black

saw   thaw
모음 소리 : strawberry

seam   theme
모음 소리 : green

sick   thick
모음 소리 : pink

sigh   thigh
모음 소리 : lime

song   thong
모음 소리 : strawberry

sum   thumb
모음 소리 : plum

끝소리 비교

face   faith
모음 소리 : navy

mouse   mouth
모음 소리 : brown

tense   tenth
모음 소리 : red

use (n.)   youth
모음 소리 : blue

---

[s]와 [θ] 외에는 모두 동일한 조건입니다.

QUIZ 2 [s], [θ] 소리를 문장에서 구분해 보세요.   B7-14

1. I can tell it's **sick**.
   I can tell it's **thick**.

2. This is a new **seam**.
   This is a new **theme**.

3. That is some **face**!
   That is some **faith**!

4. I'm **tense** waiting in line.
   I'm **tenth** waiting in line.

5. Use your **mouse**.
   Use your **mouth**.

6. This cream is for your **use**.
   This cream is for your **youth**.

정답 p.281

[z] vs [ð]

voiced / 유성음   voiced / 유성음

Minimal Pairs 비교

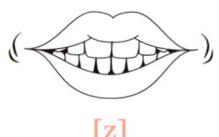   

[z]   [ð]

첫소리 비교	중간 소리 비교	끝소리 비교
z thee 모음 소리 : green	closing clothing 모음 소리 : gold – pink	close clothe 모음 소리 : gold
zen then 모음 소리 : red	teasing teething 모음 소리 : green – pink	tease teethe 모음 소리 : green

[z]와 [ð] 외에는 모두 동일한 조건입니다.

QUIZ 3 [z], [ð] 소리를 문장에서 구분해 보세요.　　B7-16

1. The baby is **teasing**.
   The baby is **teething**.

2. It is a **closing** store.
   It is a **clothing** store.

3. Can you **close** it?
   Can you **clothe** it?

4. Babies will **tease** soon.
   Babies will **teethe** soon.

5. The restaurant is called '**Zen**.'
   The restaurant is called '**Then**.'

정답 p.281

자음 8강 [ʃ] vs [ʒ]

자음 음소

성대가 울리지 않는 무성음
unvoiced/voiceless

[ʃ] unvoiced fricative
울림 없는 마찰소리

as in she

she의 자음 소리 [ʃ]입니다. 먼저 윗 어금니에 혀의 뒷부분이 닿게 하고, 혀끝은 띄웁니다. 앞에서 본 입 모양은 오므린 상태입니다. 그 상태로 [슈~]를 유지하면서 바람소리를 냅니다. [슈] 하다가 [우]로 끝난다면 불합격! 연습을 더 해야 해요.

[ʃ] 소리를 문장으로 연습해요.

B8-1

1. She is at the fashion show.
2. Shirley likes sugar for sure.

[ʃ] 소리를 철자로 분류

sh	brush	crash	shelf shirt
ti	mention	option	section
ci	musician	social	
ss	mission	issue	
ch	chef	chute	machine
ce	ocean	xi	anxious
s	sugar	sci	conscious

Beginning [ʃ]

share show shrug sugar

Middle [ʃ]

expression fashion issue special

Final [ʃ]

crash leash mesh trash

자음 음소

성대가 울리는 유성음
voiced

[ʒ] voiced fricative
울림 있는 마찰소리

as in genre

[ʃ]와 [ʒ]의 입 모양은 같습니다. 먼저 윗 어금니에 혀의 뒷부분이 닿게 하고, 혀끝은 띄웁니다. 앞에서 볼 때 입 모양이 오므린 상태로 보이는 것은 동일합니다. 이때 [ʒ]는 성대를 울려서 소리 냅니다. 우리말 [쥬]를 생각하면서 [ʃ]의 [슈~]를 해 주는 것이 요령입니다. [ʃ]와 [쥬]가 합쳐지면 [ʒ]가 된다고 할 수 있지요. 불어 bonjour 에서의 j 부분과 같은 소리입니다.

[ʒ] 소리를 문장으로 연습해요.

B8-4

1. My vision is usually good.
2. the biggest regime in Asia

[3] 소리를 철자로 분류

- **si**   colli_si_on conclu_si_on explo_si_on vi_si_on
- **s**   ca_s_ual u_s_ual clo_s_ure compo_s_ure
- **g**   gara_g_e _g_enre massa_g_e re_g_ime
- **ti**   equa_ti_on

Beginning [ʒ]

_g_enre

Middle [ʒ]

ca_s_ual lei_s_ure plea_s_ure proté_g_é

Final [ʒ]

bei_g_e colla_g_e mira_g_e solfè_g_e

B8-7

unvoiced / 무성음   voiced / 유성음

Minimal Pairs 비교

   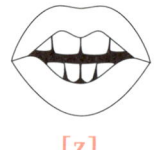

[ʃ]   [ʒ]

끝소리 비교

ruche   rouge   ✱ [ʃ]와 [ʒ]의 minimal pair는 이 세트가 유일합니다.
모음 소리 : blue

Did you know?

B8-8

[ʒ] 소리는 프랑스어에서 온 소리입니다. 프랑스어 단어를 그대로 영어에서 쓰다가 영어 단어로 정착되어 [ʒ] 발음도 같이 오게 되었죠.

예) protégé [próʊtəʒey] (후원받는 사람)
    rouge [ruwʒ] (빨간)
    solfège [sɔlféʒ] (음계)
    genre [ʒáːnrə] (장르)

QUIZ 1 밑줄 친 부분의 자음 음소가 무엇인지 체크한 뒤, 음성을 듣고 올바른 음소인지 확인해 보세요.

B8-9

		[ʃ]	[ʒ]
1.	trea_s_ure	☐	☐
2.	bei_g_e	☐	☐
3.	_s_ure	☐	☐
4.	plea_s_ure	☐	☐
5.	_sh_oes	☐	☐
6.	A_s_ia	☐	☐
7.	ra_c_ial	☐	☐
8.	vi_s_ion	☐	☐
9.	ca_s_ual	☐	☐
10.	_s_ugar	☐	☐
11.	rou_g_e	☐	☐
12.	fa_sh_ion	☐	☐
13.	lei_s_ure	☐	☐
14.	massa_g_e	☐	☐
15.	_Ch_icago	☐	☐

정답 p.281

[s] vs [ʃ]

unvoiced / 무성음   unvoiced / 무성음

B8-10

| Minimal Pairs | 비교 |

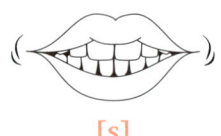
[s]

[ʃ]

첫소리 비교

save — shave
모음 소리 : navy

seat — sheet
모음 소리 : green

sell (=cell) — shell
모음 소리 : red

sew — show
모음 소리 : gold

sign — shine
모음 소리 : lime

sip — ship
모음 소리 : pink

sock — shock
모음 소리 : olive

sour — shower
모음 소리 : brown + r

suit — shoot
모음 소리 : blue

중간 소리 비교

classes — clashes
모음 소리 : black – pink

leased — leashed
모음 소리 : green

끝소리 비교

bass — bash
모음 소리 : black

class — clash
모음 소리 : black

---

[s]와 [ʃ] 외에는 모두 동일한 조건입니다.

QUIZ 2 [s], [ʃ] 소리를 문장에서 구분해 보세요.

B8-11

1. They **leased** it for a while.
   They **leashed** it for a while.

2. This should be **sewn** immediately.
   This should be **shown** immediately.

3. You should **sip** it now.
   You should **ship** it now.

4. The **class** was big.
   The **clash** was big.

5. It was a huge **bass**.
   It was a huge **bash**.

정답 p.282

QUIZ 3 음성을 듣고 [s], [z], [ʃ], [ʒ] 가운데 알맞은 것을 적어 보세요. 🎧 B8-12

1. [   ]   2. [   ]   3. [   ]   4. [   ]   5. [   ]

6. [   ]   7. [   ]   8. [   ]   9. [   ]   10. [   ]

QUIZ 4 받아쓰기 🎧 B8-13

1. _____   6. _____

2. _____   7. _____

3. _____   8. _____

4. _____   9. _____

5. _____   10. _____

정답 p.282

QUIZ 5 밑줄 친 부분의 자음 음소가 무엇인지 체크한 뒤, 음성을 듣고 올바른 음소인지 확인해 보세요.

B8-14

		[s]	[z]	[ʃ]	[ʒ]
1.	s̲ip	☐	☐	☐	☐
2.	mira̲ge	☐	☐	☐	☐
3.	teas̲e	☐	☐	☐	☐
4.	brus̲h	☐	☐	☐	☐
5.	pat̲ience	☐	☐	☐	☐
6.	us̲er	☐	☐	☐	☐
7.	us̲ual	☐	☐	☐	☐
8.	days̲	☐	☐	☐	☐
9.	s̲ugar	☐	☐	☐	☐
10.	equat̲ion	☐	☐	☐	☐
11.	illus̲ion	☐	☐	☐	☐
12.	clothes̲	☐	☐	☐	☐
13.	reg̲ime	☐	☐	☐	☐
14.	anx̲iety	☐	☐	☐	☐
15.	s̲ew	☐	☐	☐	☐

정답 p.282

자음 9강 [tʃ] vs [dʒ]

자음 음소

성대가 울리지 않는 무성음
unvoiced/voiceless

[tʃ] unvoiced fricative
울림 없는 마찰소리

as in <u>ch</u>ick

[tʃ]와 [dʒ]의 입 모양은 동일하며, [ʃ]와 [ʒ] 발음의 입 모양과도 큰 차이가 없습니다. 다른 점이 있다면 혀끝을 허공에 띄우는 것이 아니라 윗니 바로 뒤의 잇몸에 대고 혀를 차듯이 [은츄] 하며 소리를 내뱉는다는 점입니다. 우리말의 'ㅊ' 발음과 비슷하지만 항상 입을 동그랗게 오므리면서 시작한다는 점이 다릅니다. [치킨]이 아니라 [취킨] 이런 식으로 말이죠.

[tʃ] 소리를 문장으로 연습해요.

B9-1

1. <u>Ch</u>oo <u>Ch</u>oo Train
2. <u>ch</u>erry flavored <u>ch</u>ewing gum

[tʃ] 소리를 철자로 분류

ch	cheap cheese chicken church
t	mature culture posture
tch	butcher catch kitchen patch
tr[tʃr]	train troop try

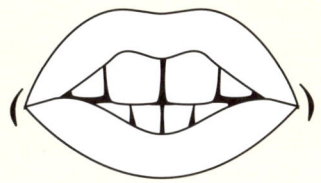

Beginning [tʃ]
chain chip tree

Middle [tʃ]
fortune pitch marching

Final [tʃ]
etch march trench

자음 음소

성대가 울리는 유성음
voiced

[ʤ] voiced fricative
울림 있는 마찰소리

as in juice

---

juice의 자음 소리 **[ʤ]**입니다. 입 모양과 혀의 위치는 모두 **[ʧ]** 발음과 동일하지만, 울림이 있는 유성음이라는 점이 다릅니다. 이번엔 우리말 'ㅈ' 발음을 생각하면서 발음하되 입을 동그랗게 오므려 주세요. 혀끝을 윗니 바로 뒤의 잇몸에 대고 [읃쥬] 하듯이 성대를 울려 소리를 냅니다. judge를 발음해 볼까요? [저지]가 아니라 입을 오므리면서 시작해서 [쥐얻쥐]처럼 발음합니다. 이 소리의 발음기호를 **[j]**로 표기하는 사전도 있습니다.

[ʤ] 소리를 문장으로 연습해요.

B9-4

1. no college courses in June and July
2. I don't like drinking orange juice with fudge.

[dʒ] 소리를 철자로 분류

j	jaw juice major
g	gentle giant ranger
dg	fudge smudge wedge
di	cordial soldier
d	educate graduate schedule
dr[dʒr]	draw drink

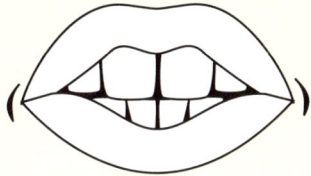

Beginning [dʒ]

jewel July June

Middle [dʒ]

angel halogen collagen judging midget

Final [dʒ]

college message bridge

[tʃ] vs [dʒ]

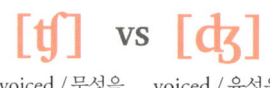

unvoiced / 무성음   voiced / 유성음

B9-7

| Minimal Pairs | 비교 |

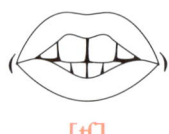   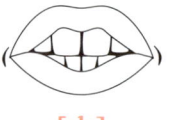

[tʃ]   [dʒ]

첫소리 비교	중간 소리 비교	끝소리 비교
cello jello 모음 소리 : red – gold	batches badges 모음 소리 : black – pink	batch badge 모음 소리 : black
cheap jeep 모음 소리 : green	etching edging 모음 소리 : red – pink	etch edge 모음 소리 : red
chew Jew 모음 소리 : blue	lunches lunges 모음 소리 : plum – pink	H age 모음 소리 : navy
chin gin 모음 소리 : pink	riches ridges 모음 소리 : pink – pink	lunch lunge 모음 소리 : plum
choke joke 모음 소리 : gold		rich ridge 모음 소리 : pink
choice Joyce 모음 소리 : oyster		
chunk junk 모음 소리 : plum		

[tʃ]와 [dʒ] 외에는 모두 동일한 조건입니다.

QUIZ 1 [ʧ], [ʤ] 소리를 문장에서 구분해 보세요.

1. Tell me about the **rich**.
   Tell me about the **ridge**.

2. **March** is around the corner.
   Marge is around the corner.

3. Are you **choking** on it?
   Are you **joking** on it?

4. The **chest** was impressive.
   The **jest** was impressive.

5. This is the last **batch**.
   This is the last **badge**.

정답 p.282

TIP 1 [ʒ]로 발음하는 ge로 끝나는 단어

ge로 끝나는 단어의 두 번째 음절에 강세가 있다면 ge를 [ʒ]로 발음합니다.

colláge   garáge   masságe

TIP 2 [ʤ]로 발음하는 ge로 끝나는 단어

ge로 끝나는 단어 중 여러 음절을 가진 단어의 첫 음절에 강세가 있다면 ge를 [ʤ]로 발음합니다.

séwage   cóllege   méssage

TIP 3 한국인의 고질적인 실수를 막는 팁!

끝소리 [ʃ], [ʒ], [tʃ], [dʒ]는 앞의 모음에 이어지는 가벼운 끝소리이지만, 머릿속에 [슈], [쥬], [츄], [쥐]와 같은 한글을 떠올리다 보니 별개의 음절처럼 잘못 발음하는 경우가 많습니다. 이렇게 하면 빛나는 발음이 되기 어렵지요.

[ʃ], [ʒ], [tʃ], [dʒ]로 끝나는 모든 단어는 바로 앞의 모음 소리를 길게 늘려서 발음하세요. 그렇게 하면 소리가 음절화되지 않고 자연스럽게 끝맺음될 수 있습니다.

1. 다음 단어를 연습해 보세요.

B9-11

[ʃ]	ru<u>sh</u>	me<u>sh</u>
[ʒ]	bei<u>g</u>e	colla<u>g</u>e
[tʃ]	ma<u>tch</u>	la<u>tch</u>
[dʒ]	hu<u>g</u>e	lar<u>g</u>e

2. es가 붙으면 어떤 변화가 생길까요?

B9-12

rush	⋯	rush<u>es</u>
lunch	⋯	lunch<u>es</u>
rich	⋯	rich<u>es</u>
corsage	⋯	corsag<u>es</u>
badge	⋯	badg<u>es</u>
ridge	⋯	ridg<u>es</u>

[ʃ], [ʒ], [tʃ], [dʒ] 소리로 끝나는 단어에 es가 붙으면 es의 모음 음소를 pink의 [ɪ]로 길게 발음해 줍니다.

[s] vs [tʃ]

unvoiced / 무성음   unvoiced / 무성음

Minimal Pairs 비교

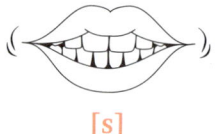 [s]
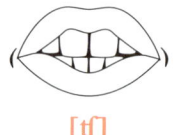 [tʃ]

첫소리 비교

sick	chick
모음 소리 : pink

silly	chilly
모음 소리 : pink – green

sin	chin
모음 소리 : pink

sip	chip
모음 소리 : pink

sue	chew
모음 소리 : blue

끝소리 비교

bats	batch
모음 소리 : black

coats	coach
모음 소리 : gold

It's	itch
모음 소리 : pink

mats	match
모음 소리 : black

Ritz	rich
모음 소리 : pink

[s]와 [tʃ] 외에는 모두 동일한 조건입니다.

QUIZ 2 [s], [tʃ] 소리를 문장에서 구분해 보세요.

B9-14

1. What do you think of the **mats**?
   What do you think of the **match**?

2. He likes to **sue**.
   He likes to **chew**.

3. I know the **coats** you're talking about.
   I know the **coach** you're talking about.

4. I like **Ritz** crackers with chocolate icing.
   I like **rich** crackers with chocolate icing.

5. She likes being **silly**.
   She likes being **chilly**.

6. I need a few more **sips**.
   I need a few more **chips**.

정답 p.282

DRILL 1 섞어 연습 / [ʒ] [dʒ]

문장 속에서 두 소리를 비교하며 연습해 보세요.

1. I solved that equation in college.
                    [ʒ]   [dʒ]

2. Your garbage can be someone else's treasure.
         [dʒ]   [ʒ]

DRILL 2 섞어 연습 / [ʃ] [tʃ]

문장 속에서 두 소리를 비교하며 연습해 보세요.

1. Sharon took the train to Chicago.
    [ʃ]   [tʃ]   [ʃ]

2. Choose shoes for the trip and the show.
    [tʃ]   [ʃ]   [tʃ]   [ʃ]

3. Shawn shares his trains and ships with his church friends.
    [ʃ]   [ʃ]   [tʃ]   [ʃ]   [tʃ] [tʃ]

QUIZ 3 음성을 듣고 어떤 음소인지 골라 보세요. 🎧 B9-17

1. [ʒ]   [dʒ]
2. [ʒ]   [dʒ]
3. [ʒ]   [dʒ]
4. [ʒ]   [dʒ]
5. [ʒ]   [dʒ]

QUIZ 4 음성을 듣고 [ʃ], [ʒ], [tʃ], [dʒ] 가운데 알맞은 음소를 골라 보세요. 🎧 B9-18

1. [ʃ]   [ʒ]   [tʃ]   [dʒ]
2. [ʃ]   [ʒ]   [tʃ]   [dʒ]
3. [ʃ]   [ʒ]   [tʃ]   [dʒ]
4. [ʃ]   [ʒ]   [tʃ]   [dʒ]
5. [ʃ]   [ʒ]   [tʃ]   [dʒ]

정답 p.282

QUIZ 5 밑줄 친 부분의 자음 음소가 무엇인지 체크한 뒤, 음성을 듣고 올바른 음소인지 확인해 보세요. **B9-19**

		[ʒ]	[tʃ]	[dʒ]
1.	trea<u>s</u>ure	☐	☐	☐
2.	<u>j</u>ail	☐	☐	☐
3.	pi<u>g</u>eon	☐	☐	☐
4.	plea<u>s</u>ure	☐	☐	☐
5.	sear<u>ch</u>	☐	☐	☐
6.	mira<u>g</u>e	☐	☐	☐
7.	na<u>t</u>ure	☐	☐	☐
8.	en<u>g</u>ine	☐	☐	☐
9.	<u>Ch</u>eerios	☐	☐	☐
10.	re<u>g</u>ime	☐	☐	☐
11.	e<u>dg</u>e	☐	☐	☐
12.	gara<u>g</u>e	☐	☐	☐
13.	ki<u>tch</u>en	☐	☐	☐
14.	pos<u>t</u>ure	☐	☐	☐
15.	<u>sch</u>edule	☐	☐	☐
16.	pa<u>g</u>eant	☐	☐	☐
17.	bei<u>g</u>e	☐	☐	☐

정답 p.282

QUIZ 6 — 밑줄 친 부분의 자음 음소가 무엇인지 체크한 뒤, 음성을 듣고 올바른 음소인지 확인해 보세요. **B9-20**

	[s]	[ʃ]	[ʒ]	[tʃ]	[dʒ]
1. <u>s</u>uper	☐	☐	☐	☐	☐
2. <u>s</u>ugar	☐	☐	☐	☐	☐
3. ca<u>s</u>ual	☐	☐	☐	☐	☐
4. pi<u>zz</u>a	☐	☐	☐	☐	☐
5. ra<u>c</u>ial	☐	☐	☐	☐	☐
6. vi<u>s</u>ion	☐	☐	☐	☐	☐
7. rea<u>ch</u>	☐	☐	☐	☐	☐
8. u<u>sh</u>er	☐	☐	☐	☐	☐
9. ran<u>g</u>e	☐	☐	☐	☐	☐
10. cli<u>ch</u>é	☐	☐	☐	☐	☐
11. messa<u>g</u>e	☐	☐	☐	☐	☐
12. massa<u>g</u>e	☐	☐	☐	☐	☐
13. gru<u>dg</u>e	☐	☐	☐	☐	☐
14. colle<u>g</u>e	☐	☐	☐	☐	☐
15. colla<u>g</u>e	☐	☐	☐	☐	☐
16. ca<u>ch</u>e	☐	☐	☐	☐	☐
17. sewa<u>g</u>e	☐	☐	☐	☐	☐

정답 p.282

자음 10강 [y] [h] [w] [m] [n] [ŋ]

자음 음소

성대가 울리는 유성음
voiced

[y] voiced glide (=semivowel)
울림 있는 활음(반모음)

as in you

---

[y]는 자음 음소이지만 모음 소리와 아주 흡사한 성질을 가지고 있어서 [r], [l], [w]와 함께 반모음 소리라는 별명을 가지고 있습니다. [y]는 우리말의 'ㅑ', 'ㅕ', 'ㅠ'와 같은 이중모음을 발음할 때 들어가는 앞소리 [이]와 같은 역할을 합니다. [이아=야], [이어=여], [이우=유]처럼 말이죠. Europe, beautiful의 밑줄 친 모음 소리 [유우]를 나타낼 때도 blue [uw] 앞에 [y]를 써서 [yuw]와 같이 나타낼 수 있습니다. 사전에 따라 [y] 소리를 [j]로 표기하기도 합니다.

[y] 소리를 문장으로 연습해요.

B10-1

1. I have yellow yarn for you.
2. You need a few yellow onions.

[y] 소리를 철자로 분류

y	be**y**ond **y**ard **y**ellow
i	famil**i**ar mill**i**on on**i**on v**i**ew
u	f**u**ture **u**se val**u**e vol**u**me
ew	ch**ew** f**ew** J**ew**
eu	**eu**logy **Eu**rope
eau	b**eau**tiful b**eau**ty

Beginning [y]

yearn **y**arn **y**ou

Middle [y]

be**y**ond mill**i**on on**i**on

Final [y]

끝소리 [y]는 없습니다.

자음 음소

성대가 울리지 않는 무성음
unvoiced / voiceless
[h] 소리는 유·무성음 구분이 중요하지는 않아요.

[h] unvoiced glottal fricative
울림 없이 목구멍을 여는 마찰소리

as in hi

---

[h]도 마찰소리라고 분류하지만, 사실 무엇과 무엇이 마찰하는지 느끼기는 어렵습니다. 목구멍을 열면서 공기를 내뱉듯이 우리말의 [흐]처럼 발음해 보세요. 이때 치아끼리 닿지 않고 발음하면 성공입니다.

[h] 소리를 문장으로 연습해요.

B10-4

1. He said hi and she said hello.
2. How my heart misses home!

[h] 소리를 철자로 분류

h a_head be_have in_herit _has _he _heart _home _how re_hearse

wh _who _whole _whom _whose _wholly

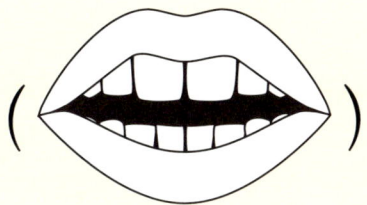

Beginning [h]
_habit _hello _hide _who

Middle [h]
any_how be_hind

Final [h]
끝소리 [h]는 없습니다.

자음 음소

성대가 울리는 유성음
voiced
[w] 소리는 유·무성음 구분이 중요하지는 않아요.

[w] voiced glide (=semivowel)
울림 있는 활음(반모음)

as in we

---

[w]도 자음 음소이지만 모음 소리와 아주 흡사한 성질을 가지고 있어서 [r], [l], [y]와 함께 반모음 소리라는 별명을 가지고 있습니다. [w]는 우리말의 [우]와 아주 흡사합니다. 입 모양은 최대한 오므린 상태에서 시작해야 합니다.

[w] 소리를 문장으로 연습해요.

B10-7

1. Anyone would want to be a queen.
2. We are aware of when there will be an earthquake.

🎧 B10-8

[w] 소리를 철자로 분류

w			a__way be__ware __we __word
wh			__what __wheel __which
qu[kw]		__quake __queen __quick __quiet
			li__quid s__quish
ch[kw]		__choir
o			any__one __one some__one

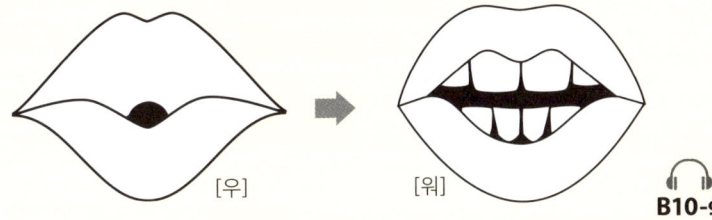

[우] → [워]

🎧 B10-9

Beginning [w]

__we __where __why __work __wheat

Middle [w]

any__one a__way be__ware earth__quake

Final [w]

끝소리 [w]는 없습니다.*

* know, low의 끝소리는 gold의 [ow]이고, cow, how, town의 끝소리는 brown의 [ɑw]입니다. 이때 w는 모음의 일부이므로 자음이 아닙니다. 알파벳과 소리를 혼동하지 마세요!

자음 음소

성대가 울리는 유성음
voiced
*비음(콧소리)은 유성음에 속해요.

[m] voiced bilabial nasal
울림 있는 입술 콧소리

as in mom

---

[m]은 [p], [b] 소리를 발음할 때처럼 입술을 맞부딪혀 [음므] 하듯 소리 냅니다. 이때 비음이 많이 들어가지요.

[m] 소리를 문장으로 연습해요.

B10-10

1. My mom makes yummy muffins.
2. Many animals come out in the summer.

[m] 소리를 철자로 분류

m	m̲an m̲ine m̲ouse
mm	co m̲m̲on ha m̲m̲er su m̲m̲er
mb	co m̲b̲ bo m̲b̲ thu m̲b̲
gm	paradi g̲m̲ phle g̲m̲

Beginning [m]

m̲ake m̲ean m̲ilk m̲y m̲ystery

Middle [m]

ani m̲al ca m̲era s m̲ell su m̲m̲on

Final [m]

a m̲ co m̲e roo m̲ so m̲e ti m̲e

자음 음소

성대가 울리는 유성음
voiced
*비음(콧소리)은 유성음에 속해요.

[n] voiced alveolar nasal
울림 있는 앞니 뒤 콧소리

as in no

---

[n]은 [m]과 같은 비음이지만, 입술을 사용하지 않고 혀끝을 윗니 뒤에 대고 우리말의 [은느]처럼 발음합니다.

[n] 소리를 문장으로 연습해요.

B10-13

1. My nanny knows how to knit.
2. This knife is not new.

🎧 B10-14

[n] 소리를 철자로 분류

n	ca**n**dle mo**n**ey **n**ame **n**eed **n**o tí**n**y wi**n**dow
nn	a**nn**oy di**nn**er
kn	**kn**ew **kn**ife **kn**it **kn**ot
gn	**gn**occhi **gn**ome desi**gn**

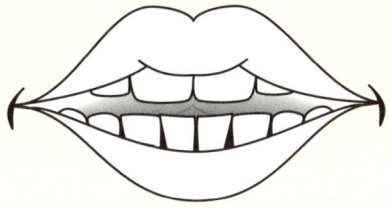

🎧 B10-15

Beginning [n]

know **n**ail **n**ew **n**ot

Middle [n]

a**n**y ba**n**a**n**a ma**n**y

Final [n]

ca**n** fi**n** i**n** mea**n** o**n** the**n**

자음 음소

성대가 울리는 유성음
voiced
*비음(콧소리)은 유성음에 속해요.

[ŋ] voiced retroflex nasal
울림 있는 뒤쪽 콧소리

as in long

[ŋ]은 혀 뒤쪽을 안쪽 입천장에 대면서 내는 콧소리입니다. 우리말의 [응]과 비슷해서 더 이해하기가 쉽지요. [ŋ] 소리가 나는 경우는 세 가지로 정리할 수 있습니다.
1. 철자 k나 g 바로 앞의 n은 항상 [ŋ]으로 발음됩니다.
2. 철자 ng, ngue는 항상 [ŋ]으로 발음됩니다.
3. 철자 ing로 끝나는 단어의 끝소리는 언제나 [ŋ]입니다.

[ŋ] 소리를 문장으로 연습해요.

B10-16

1. She held the a<u>ng</u>er in for too lo<u>ng</u>.
2. I'm walki<u>ng</u> to the ba<u>n</u>k.

[ŋ] 소리를 철자로 분류

n   ba<u>n</u>k tha<u>n</u>k thi<u>n</u>k ta<u>n</u>gle

ng   lo<u>ng</u> stro<u>ng</u> walki<u>ng</u>

ngue to<u>ngue</u>

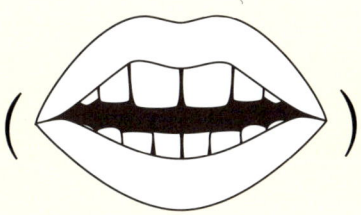

Beginning [ŋ]
첫소리 [ŋ]은 없습니다.

Middle [ŋ]

hu<u>n</u>gry fi<u>n</u>ger lo<u>n</u>gest

Final [ŋ]

lo<u>ng</u> runni<u>ng</u> stro<u>ng</u> talki<u>ng</u>

* lo<u>ng</u>ing, si<u>ng</u>ing처럼 [ŋ] 소리가 두 번 반복되는 경우도 있어요.

TIP 1 [tn]의 소리 '응!' (glottal stop)

발음기호가 [tn]일 때는 '응' 하는 듯한 소리를 냅니다. 윗니 뒤의 잇몸 쪽에 혀끝을 댄 상태에서 [t] 소리를 내는 과정을 생략하고 '응!'하듯 끊어 주면서 소리를 내는 것이 요령입니다. [t]와 [n] 사이에 약음을 넣어 [tən]으로 표기하기도 합니다.

beaten　curtain　mountain　rotten

TIP 2 [m], [n], [ŋ] 끝소리 비교

아래 단어들을 따라하며 [m], [n], [ŋ] 끝소리를 비교해 보세요. 단어를 발음할 때 끝의 입 모양이 모두 다르다는 것을 확인할 수 있어요.

Kim	kin	king	모음 소리 : pink
some	sun	sung	모음 소리 : plum
ram	ran	rang	모음 소리 : black
rum	run	rung	모음 소리 : plum
whim	win	wing	모음 소리 : pink

-nger의 발음

singer, hanger, ringer는 ger에서 [g] 소리를 발음하지 않습니다.
finger은 예외로 [g] 소리를 발음합니다.

　　singer [씽얼]　　hanger [행얼]　　ringer [륑얼]　　finger [핑걸]

> **TIP 3** y의 영향력

철자 y는 여러 발음에 영향을 줍니다. [y] 소리가 들어가서 발음이 달라진다고 볼 수도 있습니다. y의 영향으로 소리가 어떻게 달라지는지 잘 듣고 따라해 보세요.

1. [s] 발음이 철자 y와 만나면 [ʃ]로 발음됩니다.

B10-22

   this‿year

2. [t] 발음이 철자 y와 만나면 [tʃ]로 발음됩니다.
   이때 생기는 [tʃ]는 된소리 'ㅉ'에 가깝게 발음됩니다.

B10-23

   last‿year   get‿your   let‿your

3. [z] 발음이 철자 y와 만나면 [ʒ]로 발음됩니다.

B10-24

   is‿your   was‿your

   use‿your   raise‿your

된소리 & 약음 Quiz

※ 다음 중 밑줄 친 부분의 소리가 나머지와 다른 것을 고르세요. 🎧 B11-1

1. ① pur<u>p</u>ose　② pre<u>p</u>are　③ peo<u>p</u>le　④ leo<u>p</u>ard
2. ① tes<u>t</u>ing　② trac<u>t</u>or　③ <u>t</u>itanium　④ attrac<u>t</u>ed
3. ① frustra<u>t</u>ed　② contrac<u>t</u>ed　③ crea<u>t</u>ed　④ illustra<u>t</u>ed
4. ① s<u>c</u>ary　② s<u>c</u>heme　③ a<u>c</u>ute　④ s<u>k</u>etch
5. ① we<u>dd</u>ing　② a<u>dd</u>ed　③ noo<u>d</u>le　④ mo<u>d</u>e
6. ① lis<u>t</u>ed　② lif<u>t</u>ed　③ sor<u>t</u>ed　④ af<u>t</u>er

7. 다음 중 약음 현상이 없는 것을 고르세요. 🎧 B11-2

　① edit　② add it　③ cordial　④ handing

8. 다음 단어들과 똑같은 발음의 단어를 생각해 적어 보세요. 🎧 B11-3

　a. putting _____　　b. riding _____
　c. seated _____　　d. coated _____

9. 밑줄 친 부분의 소리가 된소리인 것을 모두 고르세요. 🎧 B11-4

　① s<u>t</u>ay　② s<u>t</u>ress　③ bu<u>tt</u>er　④ af<u>t</u>er

10. 밑줄 친 부분의 소리로 알맞은 것을 〈보기〉에서 골라 써 보세요. 🎧 B11-5

　보기　a. [d] 원래 소리　b. 약음 'ㄹ'　c. juice의 [dʒ] 소리

　　<u>d</u>rive ____　　li<u>d</u> ____　　<u>d</u>erive ____
　　ro<u>d</u>ent ____　　in<u>d</u>ent ____　　pa<u>dd</u>le ____

정답 p.282

자음 총정리 Quiz

자음 1강 밑줄 친 부분의 소리가 나머지와 다른 것을 고르세요. 🎧 **B12-1**

1. ① to<u>pp</u>ed   ② to<u>pp</u>ing   ③ a<u>p</u>ple   ④ sim<u>p</u>le
2. ① e<u>d</u>ited   ② ru<u>bb</u>ed   ③ fi<u>tt</u>ed   ④ belove<u>d</u>
3. ① <u>p</u>urpose ② <u>s</u>peak   ③ <u>v</u>apor   ④ <u>p</u>ropose
4. ① <u>p</u>irate   ② o<u>pp</u>ose   ③ <u>s</u>loped   ④ <u>p</u>repare

자음 2강 밑줄 친 부분의 소리가 나머지와 다른 것을 고르세요. 🎧 **B12-2**

1. ① <u>t</u>une   ② a<u>tt</u>ention ③ a<u>tt</u>itude ④ al<u>t</u>itude
2. ① pu<u>tt</u>ing ② a<u>tt</u>orney ③ la<u>dd</u>er   ④ pu<u>dd</u>ing
3. ① a<u>dd</u>ed   ② har<u>d</u>   ③ har<u>d</u>er   ④ <u>d</u>ear
4. ① or<u>d</u>eal   ② nee<u>d</u> a   ③ pa<u>dd</u>ed   ④ guar<u>d</u>ed

자음 3강 밑줄 친 부분의 소리가 나머지와 다른 것을 고르세요. 🎧 **B12-3**

1. ① <u>q</u>uiet   ② ex<u>c</u>use   ③ <u>ch</u>orus   ④ <u>c</u>an't
2. ① <u>s</u>cream   ② <u>s</u>cale   ③ <u>b</u>aker   ④ o<u>cc</u>ur
3. ① wa<u>x</u>   ② mi<u>x</u>ed   ③ e<u>x</u>ample   ④ o<u>x</u>
4. ① <u>g</u>el   ② e<u>x</u>ist   ③ <u>g</u>ray   ④ fin<u>g</u>er
5. ① desi<u>g</u>n   ② si<u>g</u>n   ③ si<u>g</u>nal   ④ rei<u>g</u>n

자음 4강 밑줄 친 부분의 소리가 나머지와 다른 것을 고르세요. 🎧 **B12-4**

1. ① lau<u>gh</u>   ② <u>f</u>ool   ③ <u>sh</u>epherd ④ <u>ph</u>one
2. ① re<u>f</u>er   ② tou<u>gh</u>   ③ cli<u>ff</u>   ④ <u>th</u>ough
3. ① o<u>f</u>   ② o<u>ff</u>   ③ lea<u>v</u>e   ④ <u>v</u>ery
4. ① ou<u>gh</u>t   ② <u>f</u>ew   ③ lau<u>gh</u>   ④ <u>ph</u>rase

자음 총정리 Quiz

자음 5강 밑줄 친 부분의 소리가 나머지와 다른 것을 고르세요. 🎧 B12-5

1. ① a<u>l</u>ready ② as<u>l</u>eep ③ a<u>l</u>ike ④ <u>l</u>eft
2. ① sa<u>l</u>mon ② ca<u>l</u>f ③ ha<u>l</u>f ④ pa<u>l</u>m
3. ① Linco<u>l</u>n ② fo<u>l</u>k ③ yo<u>l</u>k ④ Stockho<u>l</u>m
4. ① out<u>l</u>et ② foo<u>l</u>ed ③ so<u>l</u>id ④ fi<u>ll</u>ing

자음 6강 밑줄 친 부분의 소리가 나머지와 다른 것을 고르세요. 🎧 B12-6

1. ① bo<u>th</u> ② ba<u>th</u>e ③ brea<u>th</u>e ④ ba<u>th</u>ing
2. ① clo<u>th</u>e ② clo<u>th</u>es ③ clo<u>th</u>ing ④ clo<u>th</u>s
3. ① <u>th</u>en ② <u>th</u>in ③ <u>th</u>at ④ <u>th</u>em
4. ① ti<u>th</u>e ② <u>th</u>yme ③ soo<u>th</u>e ④ fur<u>th</u>er
5. ① <u>th</u>rough ② <u>th</u>ough ③ <u>th</u>orough ④ <u>th</u>rong

자음 7강 밑줄 친 부분의 소리가 나머지와 다른 것을 고르세요. 🎧 B12-7

1. ① <u>s</u>cent ② <u>s</u>cience ③ con<u>s</u>cience ④ <u>s</u>cene
2. ① la<u>c</u>e ② <u>c</u>one ③ le<u>ss</u> ④ <u>c</u>ell
3. ① i<u>c</u>e ② lea<u>s</u>e ③ tie<u>s</u> ④ loo<u>s</u>e
4. ① thi<u>s</u> ② the<u>s</u>e ③ spie<u>s</u> ④ she'<u>s</u>

자음 8강 밑줄 친 부분의 소리가 나머지와 다른 것을 고르세요. 🎧 B12-8

1. ① <u>s</u>ugar ② <u>s</u>pecial ③ men<u>t</u>ion ④ o<u>c</u>ean
2. ① <u>ch</u>ute ② <u>ch</u>ef ③ ma<u>ch</u>ine ④ me<u>ch</u>anic
3. ① i<u>ss</u>ue ② <u>s</u>ocial ③ tra<u>sh</u> ④ <u>s</u>ociety
4. ① A<u>s</u>ia ② messa<u>g</u>e ③ bei<u>g</u>e ④ u<u>s</u>ual

자음 총정리 Quiz

자음 9강 밑줄 친 부분의 소리가 나머지와 다른 것을 고르세요. 🎧 **B12-9**

1. ① <u>ch</u>ain　② ma<u>t</u>ure　③ <u>tr</u>am　④ <u>t</u>ech
2. ① e<u>tch</u>ing　② e<u>ch</u>o　③ <u>ch</u>rome　④ <u>q</u>uite
3. ① <u>J</u>uly　② fu<u>dg</u>e　③ colla<u>g</u>e　④ vinta<u>g</u>e
4. ① e<u>d</u>ucate　② <u>g</u>entle　③ <u>g</u>ain　④ we<u>dg</u>e

자음 10강 밑줄 친 부분의 소리가 나머지와 다른 것을 고르세요. 🎧 **B12-10**

1. ① <u>wh</u>o　② <u>wh</u>at　③ <u>wh</u>ose　④ <u>wh</u>ole
2. ① <u>h</u>erb　② <u>h</u>erd　③ <u>h</u>eard　④ <u>h</u>ear
3. ① la<u>w</u>　② <u>w</u>rite　③ <u>w</u>ear　④ vo<u>w</u>el
4. ① <u>q</u>ueen　② <u>w</u>ant　③ <u>o</u>ne　④ <u>w</u>ow

정답 p.283

수고하셨습니다.
이제 여러분은 영어의 기본 소리를 모두 공부했습니다.
연음과 강세, 리듬, 억양까지, 함께 공부해요!

저자가 직접 녹음한 음성 자료와 함께 학습하세요.

PART 4
한 걸음 더!
연음·강세·리듬·억양

모음 음소 22개와 자음 음소 24개, 이제 여러분은 영어의 기본 음소를 모두 공부했습니다. 하지만 영어는 단어를 띄엄띄엄 읽는다고 해서 완성되는 것이 아닙니다. 소통 가능한 영어가 되려면 다음 단계가 필요합니다. 바로 연음, 강세, 리듬, 억양입니다. 지금까지 배운 기본 음소와 음소의 변화(약음, 된소리)를 생각하면서 차근차근 더 빛나는 영어로 만들어 보세요.

연음 알기

연음은 문장에서 앞 단어의 자음 끝소리가 다음 단어의 모음을 만나 연결되는 소리를 말합니다. 첫 번째 단어의 끝소리인 자음이 두 번째 단어의 첫소리 역할을 하게 되지요. 연음이 되는 경우에도 우리가 앞에서 배운 된소리, 약음 등의 소리 변화 규칙이 적용됩니다.

1. 일반적인 연음 🎧 C1-1

앞 단어의 마지막 자음 소리가 다음 단어의 첫 모음 소리를 만나 한 음절처럼 합쳐집니다. 가장 쉬운 it을 붙여서 연습해 보겠습니다. it의 소리 변화에 주목하세요.

grab it = gra[græ] bit
grab의 [b] 소리가 it과 만나 bit처럼 소리 납니다.

lace it = la[ley] sit
lace의 [s] 소리가 it과 만나 sit처럼 소리 납니다.

judge it = ju[ʤə] jit
judge의 [ʤ] 소리가 it과 만나 jit처럼 소리 납니다.

reach it = rea[riy] chit
reach의 [ʧ] 소리가 it과 만나 chit처럼 소리 납니다.

2. 약음을 만드는 연음 현상 🎧 C1-2

강세를 받지 않는 [d]나 [t] 소리가 모음 사이에서 약음이 된다는 것 기억하시죠? 연음에도 이 규칙이 적용됩니다. 음성을 듣고 따라해 보세요.

did it   would I   sit in   could've

3. 된소리를 만드는 연음 현상

단어와 단어가 연결되면서 자음이 된소리가 되는 경우도 있습니다. 언뜻 보아서는 판단하기가 힘들 것 같지만, 영어의 된소리는 [p], [t], [k] 소리에만 있기 때문에 어렵지 않습니다.

[p] 된소리 [쁘] 🎧 C1-3

clap around　　　　pop in　　　　drop off

[t] 된소리 [뜨] 🎧 C1-4

list up　　　　next in　　　　sift it

tossed it　　　crossed a　　　washed our

[k] 된소리 [끄] 🎧 C1-5

make it　　　　back up　　　　black out

DRILL 1 섞어 연습 🎧 C1-6

make it up　　　pick it up　　　up against a
된소리 약음　　　된소리 약음　　　된소리　　된소리

DRILL 2 문장 연습 🎧 C1-7

Would I be able to make it up?
　　　약음　　　　　　　　된소리 약음

I played a game of Uno.
　　　　약음

Could I have stepped on it?
　　　약음　　　　　　된소리

4. 자음과 자음이 이어질 때

자음과 자음이 이어질 때는 기본적으로 두 자음을 각각 발음합니다. 하지만 특정한 경우에는 둘 중 하나만 발음해서 마치 연음처럼 쉽게 발음을 이어갈 수 있습니다.

CASE 1 동일한 자음 소리가 이어질 때 C1-8

get to
 [t] + [t] = [t] 소리만 한 번 발음

Hard disk
 [d] + [d] = [d] 소리만 한 번 발음

breathe the
 [ð] + [ð] = [ð] 소리만 한 번 발음

off first
 [f] + [f] = [f] 소리만 한 번 발음

problems solved
 [s] + [s] = [s] 소리만 한 번 발음

CASE 2 두 자음 중 하나만 발음할 때 C1-9

is she
 [z] + [ʃ] = [ʃ] 소리만 발음

I suppose so.
 [z] + [s] = [s] 소리만 발음

drops shoes
 [s] + [ʃ] = [ʃ] 소리만 발음

이 밖에도 서로 다른 소리가 이어질 때 둘 중 한 가지 소리만 살아남는 경우를 종종 들을 수 있습니다. 두 자음 소리가 모두 발음되는 경우인지, 아니면 둘 중 한 소리만 발음되는 경우인지 일상에서도 주의를 기울이면서 들어 보세요.

5. 자음이 모음화되어 연음이 되는 경우: h, y

소리가 축약될 수 있는 **[h]**와 반모음처럼 기능하는 **[y]**는 바로 앞의 자음에 영향을 주어 연음처럼 발음하게 됩니다.

CASE 1 h와의 연음 🎧 C1-10

have, her, him의 경우 h 소리가 축약될 수 있으므로 연음 법칙을 따르게 됩니다.

We could've dropped her off.
              약음   된소리

I must've forgotten about him.
   된소리   약음

CASE 2 y와의 연음 🎧 C1-11

반모음이기도 한 **[y]**는 바로 앞의 자음에 영향을 줍니다.

this year
[ʃ]

use your   is your   has your
[ʒ]   [ʒ]   [ʒ]

fifth year
[θ]

leap year
된소리

last year*   next year*
[ʧ]   [ʧ]

* 이때 [ʧ]는 [y]와 만나면서 'ㅉ'에 가까운 소리로 발음됩니다.

강세·리듬·억양 익히기

한국어는 크게 오르락내리락하는 억양 없이 소리가 일정하게 유지되는 반면, 영어는 높낮이가 다양한 강세(stress)·리듬(rhythm)·억양(intonation)의 언어입니다. 진짜 억양을 이해하기 위해서는 기본 소리를 먼저 익힌 상태에서 긴장음절과 비긴장음절을 공부해야 합니다. 영어의 기본 음소를 모른 채로 강세만 고집한다면 어설프게 흉내내는 영어에 지나지 않게 됩니다.

1. 음절 (syllable)

강세를 이해하기 전에 먼저 영어의 음절에 대해 알아야 합니다. 음절은 단어 또는 단어의 일부를 이루는 발음 단위입니다. '영어'는 '영'과 '어', 두 음절로 이루어진 단어이지요. 우리말은 소리와 글자가 일대일로 대응하기 때문에 음절을 나누는 것이 쉽지만, 영어의 음절 구분은 조금 다릅니다.

strike라는 단어를 먼저 살펴봅시다. 한글 표기에서는 이를 5음절의 '스트라이크'로 표기하지만 영어의 strike는 1음절 단어입니다. 첫소리 자음 [str] + 중간 소리 모음 [ɑy] + 끝소리 자음 [k]로 이루어진 하나의 음절이지요. 모음 음소의 개수가 음절의 수라고 생각하면 쉽습니다. 여기에서 말하는 모음 음소는 '소리'이므로 모음 글자와는 다릅니다. 여러분은 모음 음소를 배웠으니 더 쉽게 구분할 수 있습니다. 아래의 예를 살펴보세요.

been [bɪn] 1음절 단어
begin [bɪ-gɪn] 2음절 단어
consider [kən-sɪ-dər]* 3음절 단어

* [kəns-ɪd-ər]로 나누기도 합니다. 사전에 따라 음절을 나누는 위치가 조금씩 다를 수는 있지만, 음절의 개수는 동일해요.

2. 강세 (stress)

강세란 음절이 두 개 이상인 단어에서 어느 한 음절에 힘을 실어 발음하는 현상을 말합니다. 힘을 실어 발음한다는 말은 소리를 더 크게 한다는 말일 수도 있고, 시간을 더 둔다는 의미로 볼 수도 있습니다.

CASE 1 단어에서의 강세 🎧 C2-1

> begin [bɪ-'gɪn] 2음절 단어, 둘째 음절에 강세
> consider [kən-'sɪ-dər] 3음절 단어, 둘째 음절에 강세

강세와 발음기호의 표기 방법은 사전마다 다릅니다. 음절이 시작되는 자음 바로 앞에 표시하거나 해당 음절의 모음 위에 표시하기도 합니다. 각 단어의 강세는 정해져 있기 때문에 새로운 단어를 접할 때마다 어느 음절에 힘을 실어야 하는지도 함께 익혀 두어야 합니다.

CASE 2 문장에서의 강세 🎧 C2-2

> **It** was awesome!
> It **was** awesome!
> It was **awesome**!

단어의 강세는 정해져 있지만, 문장에서의 강세는 말하는 사람의 의도에 따라 다릅니다. 문장에서 강조하는 부분은 억양(intonation)과도 관련이 있습니다. 강세가 있는 단어에 힘을 주면서 더 높은 억양이 실리게 됩니다.

실력 점검!
banana를 읽는 단계를 살펴보면 본인의 영어가 어느 단계에 있는지 확인할 수 있습니다.

banana
1단계: **바나나** — 한국식 읽기
2단계: **바나나** — 강세를 살려서 읽기
3단계: **버내너** — 강세를 살리고 나머지 음절은 약음 [ə]로 읽기
4단계: **버내아너** — 강세를 살리면서 음소를 정확하게 읽기

3. 리듬 (rhythm) 🎧 C2-3

> She **knew** the **doct**or.
> She **knew** that there was a **doct**or.

영어의 리듬은 문장을 말할 때 힘을 주어 발음하는 부분과 그렇지 않은 부분의 차이 때문에 생깁니다. 주로 내용어(주어, 동사와 같이 뜻에 영향을 주는 단어)는 힘을 주어 분명하게 발음하고, 기능어(관사, 대명사, 전치사와 같이 내용상 중요하지 않은 단어)는 빠르고 가볍게 발음하게 됩니다.

4. 억양 (intonation)

억양이란 음 높이(pitch)의 굴곡을 말합니다. 소리의 굴곡은 뜻을 전달할 때 아주 중요한 역할을 합니다. 억양은 감정 전달을 목적으로 하며, 정해진 규칙이 있는 것이 아니라 사람에 따라 다르고 상황에 따라 다릅니다. 우리말과 마찬가지로 영어에서도 강조하고자 하는 부분의 음이 높아집니다. 음성 자료를 들어 보세요.

CASE 1 말의 목적에 따라 다른 억양 🎧 C2-4

> a. You know this, do you? (yes나 no의 답을 구하는 질문)
> b. You know this, don't you? ("그렇지?"하고 확인하는 질문)

CASE 2 강조 대상에 따라 다른 억양 🎧 C2-5

> I **thought** that you did this. (일반적인 억양, 동사 강조)
> 난 네가 이 일을 했다고 **생각했어**.
>
> I thought that **you** did this. (특정 내용 강조)
> 난 (다른 사람도 아닌) **네가** 이 일을 했다고 생각했어.
>
> I thought that you did **this**. (특정 내용 강조)
> 난 네가 (다른 것 말고) **이것을** 했다고 생각했어.

TIP 1 강세와 긴장음은 달라요!

강세가 있다는 것은 음절에 힘을 실으면서 살짝 더 길게 소리 낸다는 뜻이지, 입술에 힘을 준다는 뜻이 아닙니다. 피아노 건반을 예를 들면 '도'를 누르는데 큰 소리로, 길게 누르는 것이 강세이지요. 강하게 누른다고 '도#'을 누르는 것이 아닌데, 많은 사람들이 입술에 힘을 주다가 다른 건반을 누릅니다. 다음 단어들을 살펴보세요.

pink [ɪ]가 강세를 받는 음절에 있을 때 🎧 C2-6

l<u>i</u>zard   cons<u>i</u>der   del<u>i</u>ver

표시한 부분은 강세를 지닌 음절이면서 비긴장모음 pink [ɪ]로 발음해야 하는 음절입니다. 모음 소리 pink [ɪ]는 입술에 힘이 들어가지 않습니다. 입술의 힘을 뺀 상태에서 더 큰 소리로 살짝 길게 발음한다는 뜻이지요. 강세가 있든 없든, 모음 소리에는 변화가 없어야 합니다.

Red [e]가 강세를 받는 음절에 있을 때 🎧 C2-7

d<u>e</u>finite   fri<u>e</u>ndly   expr<u>e</u>ssion

표시한 음절은 강세를 지닌 음절이면서 비긴장모음 red [e]로 발음합니다. 즉, 건반은 red를 누르되 조금 더 큰 소리가 나도록 눌러야 하지요. 세게 누르려고 하다 보니 입술에 힘이 들어가서 black [æ] 소리로 발음하는 것이 가장 흔한 실수입니다. 입술에는 힘을 빼 주세요.

> TIP 2　모음의 약음, schwa

영어에서는 강세가 없는 음절의 모음 글자 a, e, i, o, u를 plum [ə] 소리로 가볍게 발음합니다. 이렇게 강세가 없어서 발음하게 되는 plum [ə] 소리를 음성학에서는 schwa '슈와'라는 이름으로 부릅니다.

사전에서는 mother, among 처럼 강세를 받는 음절의 plum [ə] 소리는 [ʌ]로 표기하고, 강세를 받지 않아 소리가 약화되는 모음만 [ə]로 표기하기도 합니다. 하지만 원어민에게 [ʌ]와 [ə]는 같은 소리로 인식되기 때문에 이 책에서는 [ʌ]와 [ə]를 구분하지 않고 모두 [ə] 기호로 통일했습니다. plum [ə] 소리가 곧 사전의 [ʌ] 소리이자 약음 schwa 소리입니다.

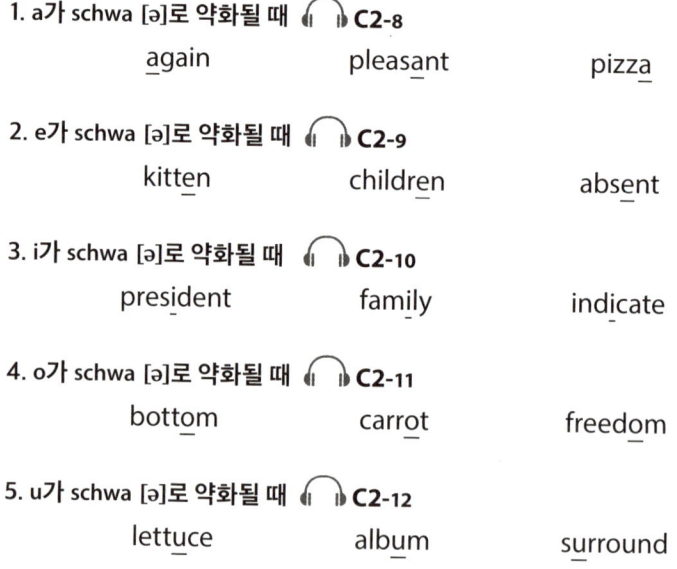

1. a가 schwa [ə]로 약화될 때　C2-8
　　again　　pleasant　　pizza

2. e가 schwa [ə]로 약화될 때　C2-9
　　kitten　　children　　absent

3. i가 schwa [ə]로 약화될 때　C2-10
　　president　　family　　indicate

4. o가 schwa [ə]로 약화될 때　C2-11
　　bottom　　carrot　　freedom

5. u가 schwa [ə]로 약화될 때　C2-12
　　lettuce　　album　　surround

때때로 schwa의 소리 자체도 여러 가지로 나뉘는 경우가 있습니다. 사전에 [ə]로 표기되어 있더라도 어떤 것은 pink [ɪ]에 가깝게, 어떤 것은 red [e]에 가깝게 발음합니다. 그래서 이런 약음을 그대로 [ɪ], [e]로 표기하는 사전도 있습니다.

TIP 3 단어에 따라 schwa가 사라지기도 해요. 🎧 **C2-13**

강세가 있는 음절 바로 뒤에 따라오는 음절을 schwa로 발음하는 현상 때문에 아예 schwa 발음이 생략되기도 합니다. 주로 빠르게 발음할 때 그렇습니다. 모음이 하나 사라지기 때문에 음절도 하나 줄어듭니다.

library [lay-brə-riy] ⋯ [lay-briy]

separate [se-pə-rət] ⋯ [se-prət]

chocolate [tʃa-kə-lət] ⋯ [tʃa-klət]

camera [kæ-mə-rə] ⋯ [kæ-mrə]

family [fæ-mə-liy] ⋯ [fæ-mliy]

TIP 4 schwa를 일부러 추가할 때도 있어요. 🎧 **C2-14**

위의 현상과 정반대로 schwa를 추가해서 발음하기도 합니다. 음절이 하나 더 있는 것처럼 들리게 해서 상대방이 자음 소리를 더 잘 들을 수 있게 해 주는 것이죠. 특히 화를 내거나 좀 더 잘 들리도록 단어를 강조해야 할 때 이 방법이 사용됩니다.

athlete [æθ-liyt] ⋯ [æ-θə-liyt]

play [pley] ⋯ [pə-ley]

crazy [krey-ziy] ⋯ [kə-rey-ziy]

QUIZ 정답

2. 빛나는 영어 발음 – 모음 소리

모음 1강 Pink [ɪ] vs Green [iy]

QUIZ 1
1. chip
2. beat, beet
3. heap
4. it
5. leak, leek
6. live
7. reach
8. sick
9. sleep
10. still

QUIZ 2
1. ④ quick: pink
2. ① foreign: pink

QUIZ 3
1. lint
2. east
3. piece, peace
4. peep
5. risen
6. steal
7. hill
8. lip
9. reach
10. timid

모음 2강 Red [e] vs Navy [ey]

QUIZ 1
1. bail
2. blade
3. chess
4. edge
5. fail
6. led
7. men
8. tail, tale
9. west
10. Yale

QUIZ 2
1. ③ bell: red, 나머지는 navy
2. ③ again: red, 나머지는 navy

QUIZ 3
1. main, mane
2. fell
3. plane, plain
4. hail
5. yell
6. chase
7. crayon
8. plague
9. halo
10. drape

모음 3강 Black [æ]

QUIZ 1
1. bad
2. bend
3. add
4. end
5. gas
6. had
7. kettle
8. mat
9. said
10. set

QUIZ 2
1. bed
2. batter
3. deed
4. pick
5. said
6. set
7. teen

QUIZ 3
1. ② said: red, 나머지는 black
2. ① piano: black, 나머지는 red

QUIZ 4
1. mat
2. any
3. bag
4. said
5. bed
6. extend
7. expand
8. beater
9. sap
10. van

모음 4강 Olive [ɑ]

QUIZ 1
1. add
2. bond
3. black
4. con
5. hot
6. mask
7. mop
8. pat
9. rod
10. spat

QUIZ 2
1. bond
2. add
3. lag
4. n
5. pat
6. rock
7. axe

QUIZ 3
1. ③ open: gold, 나머지는 olive
2. ② law: strawberry, 나머지는 olive
   (want는 olive, strawberry 둘 다 가능)

QUIZ 4
1. rack
2. shop
3. onto
4. wreck
5. lag
6. ox

7. floss 8. Ed 9. con
10. padded, patted

모음 5강 Plum [ə]
QUIZ 1
1. buddy 2. bomb
3. color 4. calm
5. cut 6. hut
7. lock 8. not, knot
9. stuck 10. wander

QUIZ 2
1. plum 2. plum 3. plum
4. olive 5. plum 6. plum
7. olive 8. plum 9. olive
10. plum

QUIZ 3
1. ④ bother: olive, 나머지는 plum
2. ② walnut: strawberry, 나머지는 olive (want는 olive, strawberry 둘 다 가능)

QUIZ 4
1. want 2. tong 3. once
4. wants 5. tough 6. luck
7. does 8. body 9. sun, son
10. stock

모음 6강 Strawberry [ɔ]
QUIZ 1
1. but 2. boss 3. cut
4. caller 5. cuff 6. crossed
7. dug 8. dawn 9. gun
10. naughty 11. lung

QUIZ 2
1. bought 2. collar 3. cut
4. done 5. naught 6. stock

QUIZ 3
1. strawberry 2. plum
3. strawberry 4. plum
5. plum 6. strawberry
7. strawberry 8. plum
9. plum 10. strawberry

QUIZ 4
1. ③ of: plum, 나머지는 strawberry
2. ④ collar: olive, 나머지는 strawberry

QUIZ 5
1. throng 2. talk 3. color
4. bald 5. ought 6. cough
7. auto 8. stalk 9. loss
10. rub

모음 7강 Gold [ow]
QUIZ 1
1. boat 2. ball 3. close
4. cost 5. hall 6. loan
7. low 8. pause 9. sew
10. walk

QUIZ 2
1. coat 2. calm 3. cup
4. note 5. fund 6. rob

QUIZ 3
1. ① come: plum, 나머지는 gold
2. ① long: strawberry, 나머지는 olive (soggy는 strawberry도 가능)

QUIZ 4
1. own 2. sorrow
3. soggy 4. lone, loan
5. cone 6. sewn, sown
7. dough 8. tong
9. robot 10. thorough

모음 8강 Lime [ay] Brown [aw] Oyster [oy]

QUIZ 1
1. ④ tint: pink, 나머지는 lime
2. ② buy: lime, 나머지는 oyster
3. ② crow: gold, 나머지는 brown

QUIZ 2
1. diner 2. pounce
3. pint 4. sorrow
5. ounce 6. foil
7. buy, bye 8. tie, Thai
9. deploy 10. plow, plough

모음 9강 Cookie [ʊ] vs Blue [uw]

QUIZ 1
1. fool 2. look 3. pool 4. should
5. suit 6. stood 7. hood 8. wooed

QUIZ 2
1. book 2. luck 3. put
4. stood 5. tuck

QUIZ 3
1. ① would: cookie, 나머지는 blue
2. ④ pool: blue, 나머지는 cookie

QUIZ 4
1. brook 2. pull
3. wool 4. clue
5. to, too, two 6. wood, would
7. soot 8. tomb
9. shook 10. loot

모음 10강 r로 끝나는 소리

QUIZ 1
1. ③ worm: purple, 나머지는 corn
2. ③ pure: tour, 나머지는 corn
3. ④ war: corn, 나머지는 tart

QUIZ 2
1. guard 2. curly
3. worm 4. tore
5. urgent 6. fair, fare
7. clearance 8. war, wore
9. attire 10. tier, tear

Sound Quiz – a

QUIZ 1
1. [ey] 2. [ə] 3. [ɑ] 4. [ə]
5. [ɔ] 6. [æ] 7. [ey] 8. [e]

QUIZ 2
1. ② act: black, 나머지는 navy
2. ① am: black, 나머지는 red
3. ④ ate: navy, 나머지는 black
4. ① wall: strawberry, 나머지는 olive
5. ③ alphabet: black, 나머지는 strawberry
6. ④ animal: black, 나머지는 red
7. ① ladder: black, 나머지는 navy
8. ③ alter: strawberry, 나머지는 plum

Sound Quiz – e

QUIZ 1
1. [iy] 2. [e] 3. [e]
4. [iy] 5. [ɪ] 또는 [ə] 6. [e]
7. [iy] 8. [ɪ]

QUIZ 2
1. ② college: pink, 나머지는 green
2. ① meme: green, 나머지는 plum
3. ③ escape: pink, 나머지는 red
4. ③ exercise: red, 나머지는 pink
5. ① oven: plum, 나머지는 red
6. ④ elite: pink, 나머지는 plum
7. ① allege: red, 나머지는 green

8. ④ when: red, 나머지는 pink

Sound Quiz – i
QUIZ 1
1. [ɪ]   2. [ay]   3. [ɪ]   4. [ay]
5. [ɪ]   6. [iy]   7. [ay]   8. [ɪ]

QUIZ 2
1. ③ ice: lime, 나머지는 pink
2. ④ industry: pink, 나머지는 green
3. ② medium: green, 나머지는 pink
4. ① marine: green, 나머지는 lime
5. ③ quite: lime, 나머지는 pink
6. ① elite: green, 나머지는 lime
7. ④ situate: pink, 나머지는 lime
8. ① igloo: pink, 나머지는 lime

Sound Quiz –o
QUIZ 1
1. [ɔ]   2. [ɑ]   3. [ɔ]   4. [ow]
5. [ə]   6. [uw]   7. [uw]   8. [ow]

QUIZ 2
1. ③ host: gold, 나머지는 strawberry
2. ① novice: olive, 나머지는 gold
3. ② mom: olive, 나머지는 plum
4. ① rod: olive, 나머지는 gold
5. ③ hose: gold, 나머지는 blue
6. ④ gallop: plum, 나머지는 gold
7. ④ cove: gold, 나머지는 plum
8. ② only: gold, 나머지는 olive

Sound Quiz – u
QUIZ 1
1. [ə]   2. [uw]   3. [ə]   4. [ʊ]
5. [yuw]   6. [uw]   7. [yuw]   8. [ə]

QUIZ 2
1. ① unique: blue, 나머지는 plum
2. ③ nutrition: blue, 나머지는 plum
3. ① dumb: plum, 나머지는 blue
4. ① until: plum, 나머지는 blue
5. ③ supreme: blue, 나머지는 plum
6. ① illustrate: plum, 나머지는 blue
7. ③ infuse: [유우], 나머지는 [우우]
8. ② dull: plum, 나머지는 cookie

모음 총정리 Quiz
모음 1강
1. ① list: pink, 나머지는 green
2. ② rainy: green, 나머지는 pink
3. ③ liter: green, 나머지는 pink
4. ② skies: lime, 나머지는 green

모음 2강
1. ① plaid: black, 나머지는 navy
2. ② bell: red, 나머지는 navy
3. ④ says: red, 나머지는 navy
4. ③ raise: navy, 나머지는 red

모음 3강
1. ① ate: navy, 나머지는 black
2. ③ snap: black, 나머지는 red
3. ④ parent: red, 나머지는 black
4. ② carrot: red, 나머지는 black

모음 4강
1. ④ gather: black, 나머지는 olive
2. ② mother: plum, 나머지는 olive
3. ① oven: plum, 나머지는 olive
4. ③ contain: plum, 나머지는 olive

모음 5강
1. ③ brother: plum, 나머지는 strawberry
2. ① once: plum, 나머지는 olive

3. ④ cove: gold, 나머지는 plum
4. ② monster: olive, 나머지는 plum

모음 6강
1. ② tough: plum, 나머지는 strawberry
2. ② though: gold, 나머지는 strawberry
3. ③ Taurus: gold, 나머지는 strawberry
4. ① half: black, 나머지는 strawberry

모음 7강
1. ② roll: gold, 나머지는 strawberry
2. ④ done: plum, 나머지는 gold
3. ② joke: gold, 나머지는 olive
4. ① law: strawberry, 나머지는 gold

모음 8강
1. ② crow: gold, 나머지는 brown
2. ④ friend: red, 나머지는 lime
3. ② crawl: strawberry, 나머지는 brown
4. ④ rhythm: pink, 나머지는 lime

모음 9강
1. ① cool: blue, 나머지는 cookie
2. ① unique: blue, 나머지는 plum
3. ③ fool: blue, 나머지는 cookie
4. ② poet: gold-red, 나머지는 blue

모음 10강
1. ④ air: air, 나머지는 beer
2. ② wore: corn, 나머지는 purple
3. ② courage: purple, 나머지는 corn
4. ④ tour: tour, 나머지는 corn

3. 빛나는 영어 발음 – 자음 소리

자음 1강 [p] vs [b]
QUIZ 1
1. pet　　2. beach　　3. pill
4. rope　　5. mobs

QUIZ 2
1. stabbed　　2. capped
3. peeped　　4. robed
5. shipped　　6. sobbed
7. hyped　　8. grouped
9. tubed　　10. clasped

QUIZ 3
1. rubbed　　2. stopped
3. stabbed　　4. rubble
5. ripple　　6. cube
7. lap　　8. tube
9. pig　　10. pub

자음 2강 [t] vs [d]
QUIZ 1
1. dime　　2. seat　　3. card
4. bed　　5. pat

QUIZ 2
② attune, ⑥ attire: 두 번째 음절에 강세를 받아 [t] 그대로 발음

QUIZ 3
1. peeled [d]　　2. asked [t]
3. relieved [d]　　4. flushed [t]
5. cooked [t]　　6. managed [d]
7. teased [d]　　8. sobbed [d]

QUIZ 4
1. legged　　2. lagged
3. edit　　4. add it
5. edited (edit it과 다른 소리임에 주의. edit it은 끝소리가 무성음 [t]이므로 더 짧게 발음함)

자음 3강 [k] vs [g]
QUIZ 1
1. curly 2. ghost 3. card
4. rag 5. back

QUIZ 2
1. gauge 2. goal
3. coral, choral 4. design
5. designate

자음 4강 [f] vs [v]
QUIZ 1
1. van 2. few 3. rifle
4. vinyl 5. fault

QUIZ 2
1. cliff 2. laugh 3. supper
4. pool 5. fork

QUIZ 3
1. vow 2. best 3. curb
4. veiled 5. boat 6. van

자음 5강 [l] vs [r]
QUIZ 1
1. rock 2. races 3. red
4. right 5. clown 6. correct

QUIZ 2
1. round 2. boil 3. salve
4. solve 5. fault

자음 6강 [θ] vs [ð]
QUIZ 1
1. worthy 2. dare 3. sued
4. breathing 5. day

QUIZ 2
1. death 2. free
3. Roof 4. thirst

QUIZ 3
1. tanks 2. booth 3. debt
4. thought 5. theme 6. tin

QUIZ 4
1. the [ð] 2. other [ð]
3. through [θ] 4. these [ð]
5. both [θ] 6. soothe [ð]
7. smooth [ð] 8. bathe [ð]
9. they [ð] 10. thing [θ]
11. gather [ð] 12. though [ð]

QUIZ 5
1. a [θ] [ð] 2. d [θ] [θ] 3. d [θ] [θ]
4. c [ð] [ð] 5. a [θ] [ð]

QUIZ 6
1. thrust 2. trust 3. booth
4. cloth 5. breathe

자음 7강 [s] vs [z]
QUIZ 1
1. sip 2. diseased
3. raising 4. place
5. ice 6. prize

QUIZ 2
1. thick 2. seam 3. faith
4. tense 5. mouth 6. use

QUIZ 3
1. teething 2. clothing 3. close
4. tease 5. Zen

자음 8강 [ʃ] vs [ʒ]
QUIZ 1
1. treasure [ʒ] 2. beige [ʒ]
3. sure [ʃ] 4. pleasure [ʒ]
5. shoes [ʃ] 6. Asia [ʒ]
7. racial [ʃ] 8. vision [ʒ]

9. casual [ʒ] 10. sugar [ʃ]
11. rouge [ʒ] 12. fashion [ʃ]
13. leisure [ʒ] 14. massage [ʒ]
15. Chicago [ʃ]

QUIZ 2
1. leased 2. shown 3. sip
4. clash 5. bass

QUIZ 3
1. [ʒ] 2. [ʃ] 3. [s] 4. [z] 5. [ʒ]
6. [ʃ] 7. [z] 8. [s] 9. [ʒ] 10. [z]

QUIZ 4
1. massage 2. issue
3. garage 4. liaison
5. leash 6. useful
7. shrine 8. rouge
9. leisure 10. user

QUIZ 5
1. sip [s] 2. mirage [ʒ]
3. tease [z] 4. brush [ʃ]
5. patience [ʃ] 6. user [z]
7. usual [ʒ] 8. days [z]
9. sugar [ʃ] 10. equation [ʒ]
11. illusion [ʒ] 12. clothes [z]
13. regime [ʒ] 14. anxiety [z]
15. sew [s]

자음 9강 [tʃ] vs [dʒ]
QUIZ 1
1. ridge 2. March 3. choking
4. jest 5. batch

QUIZ 2
1. match 2. chew 3. coats
4. rich 5. silly 6. sips

QUIZ 3
1. [ʒ] 2. [ʒ] 3. [dʒ]

4. [ʒ] 5. [dʒ]

QUIZ 4
1. [dʒ] 2. [ʒ] 3. [tʃ] 4. [ʃ] 5. [ʒ]

QUIZ 5
1. treasure [ʒ] 2. jail [dʒ]
3. pigeon [dʒ] 4. pleasure [ʒ]
5. search [tʃ] 6. mirage [ʒ]
7. nature [tʃ] 8. engine [dʒ]
9. Cheerios [tʃ] 10. regime [ʒ]
11. edge [dʒ] 12. garage [ʒ]
13. kitchen [tʃ] 14. posture [tʃ]
15. schedule [dʒ] 16. pageant [dʒ]
17. beige [ʒ]

QUIZ 6
1. super [s] 2. sugar [ʃ]
3. casual [ʒ] 4. pizza [s]
5. racial [ʃ] 6. vision [ʒ]
7. reach [tʃ] 8. usher [ʃ]
9. range [dʒ] 10. cliché [ʃ]
11. message [dʒ] 12. massage [ʒ]
13. grudge [dʒ] 14. college [dʒ]
15. collage [ʒ] 16. cache [ʃ]
17. sewage [dʒ]

된소리 & 약음 Quiz
1. ②: [p] 원래 소리, 나머지는 된소리
2. ③: [t] 원래 소리, 나머지는 된소리
3. ②: [t] 된소리, 나머지는 약음
4. ③: [k] 원래 소리, 나머지는 된소리
5. ④: [d] 본래 소리, 나머지는 약음
6. ③: 약음, 나머지는 된소리
7. ④: [d]로 발음, 나머지는 약음
8. a. pudding, b. writing,
   c. seeded, d. coded
9. ①, ②, ④: 된소리, ③은 약음

10. c, a, a, b, a, b

자음 총정리 Quiz

자음 1강
1. ① topped: [p] 파열음, 나머지는 된소리 'ㅃ'
2. ② rubbed: [d], 나머지는 [ɪd]
3. ④ propose: [p] 'ㅍ', 나머지는 된소리 'ㅃ'
4. ③ sloped: [p] 파열음, 나머지는 [p] 'ㅍ'

자음 2강
1. ③ attitude: 약음 'ㄹ', 나머지는 [t] 'ㅌ'
2. ② attorney: [t] 'ㅌ', 나머지는 약음 'ㄹ'
3. ③ harder: rd 약음, 나머지는 [d]
4. ① ordeal: [d], 나머지는 약음

자음 3강
1. ② excuse: [k] 된소리 'ㄲ', 나머지는 [k] 'ㅋ'
2. ④ occur: [k] 'ㅋ', 나머지는 [k] 된소리 'ㄲ'
3. ③ example: [gz], 나머지는 [ks]
4. ① gel: [dʒ], 나머지는 [g]
5. ③ signal: [g], 나머지는 묵음

자음 4강
1. ③ shepherd: [p] 된소리, 나머지는 [f]
2. ④ though: [ð], 나머지는 [f]
3. ② off: [f], 나머지는 [v]
4. ① ought: 묵음, 나머지는 [f]

자음 5강
1. ① already: dark L, 나머지는 light L
2. ④ palm: olive, 나머지는 black
3. ① Lincoln: plum, 나머지는 gold
4. ② fooled: dark L, 나머지는 light L

자음 6강
1. ① both: [θ], 나머지는 [ð]
2. ④ cloths: [θ], 나머지는 [ð]
3. ② thin: [θ], 나머지는 [ð]
4. ② thyme: [t], 나머지는 [ð]
5. ② though: [ð], 나머지는 [θ]

자음 7강
1. ③ conscience: [ʃ], 나머지는 [s]
2. ② cone: [k], 나머지는 [s]
3. ③ ties: [z], 나머지는 [s]
4. ① this: [s], 나머지는 [z]

자음 8강
1. ② special: [s], 나머지는 [ʃ]
2. ④ mechanic: [k], 나머지는 [ʃ]
3. ④ society: [s], 나머지는 [ʃ]
4. ② message: [dʒ], 나머지는 [ʒ]

자음 9강
1. ④ tech: [k], 나머지는 [ʃ]
2. ① etching: [tʃ], 나머지는 [k]
3. ③ collage: [ʒ], 나머지는 [dʒ]
4. ③ gain: [g], 나머지는 [dʒ]

자음 10강
1. ② what: [w], 나머지는 [h]
2. ① herb: 묵음, 나머지는 [h]
3. ③ wear: [w], 나머지는 묵음(다른 음소의 일부)
4. ④ wow: 자음이 아님 (모음 소리 gold에 포함), 나머지는 [w]

발음을 부탁해 원리편

1판 1쇄	2020년 8월 3일
1판 5쇄	2022년 2월 21일

지은이	샤론 강
책임편집	박새미
편집	정소이 유아름
디자인	김진영 김수진
마케팅	김보미 정경훈

브랜드	샤론샤인북스
펴낸곳	롱테일북스
출판등록	제2015-000191호
주소	04033 서울특별시 마포구 양화로 113, 3층(서교동, 순흥빌딩)
홈페이지	www.sharonshine.com

이 책의 저작권은 출판사와 지은이에게 있습니다. 저작권법에 의해 한국 내에서 보호를 받는 저작물이므로 무단 전재와 복제를 금합니다.

ISBN   979-11-86701-85-0 14740

샤론샤인북스는 롱테일북스와 함께하는 브랜드입니다.

이 도서의 국립중앙도서관 출판예정도서목록(CIP)은 서지정보유통지원시스템(http://seoji.nl.go.kr)과 국가자료종합목록 구축시스템(http://kolis-net.nl.go.kr)에서 이용하실 수 있습니다. (CIP제어번호: CIP2020029126)